Hebrew Crosswords
28 Puzzles

Directions: Complete the crossword grid with the definition clues at the bottom of each page. Use the word bank at the top to fill out the grid.

Find the answer keys and detailed vocabulary lists at the back of the book.

Hint: Avoid using final letter forms; connecting words may use the regular form of the same letter.

Quick refresher on final letter forms: Some letters have a special form when they appear at the end of a word.

- Final kaf (ך) is the final form of the letter kaf (כ).
- Final mem (ם) is the final form of the letter mem (מ).
- Final nun (ן) is the final form of the letter nun (נ).
- Final peh (ף) is the final form of the letter peh (פ).
- Final tzadik (ץ) is the final form of the letter tzadik (צ).

Happy solving!

Free Hebrew alphabet chart:
cactuspearbooks.com/alefbetguide

Copyright © 2024 Sharon Asher

All rights reserved.

No part of this book may be copied and/or altered and/or distributed and/or reproduced in any form or by any electronic or mechanical means, including but not limited to information storage and retrieval systems, without express permission in writing from the author.

ISBN-13: 978-1-951462-14-7

1 From alef מֵאָלֶ״ף

אֵשׁ אָדָם אוֹסֵף אֲדָמָה אוֹר

אֲוִירוֹן אֹכֶל אֶבֶן אֵיזֶה אֵזוֹר

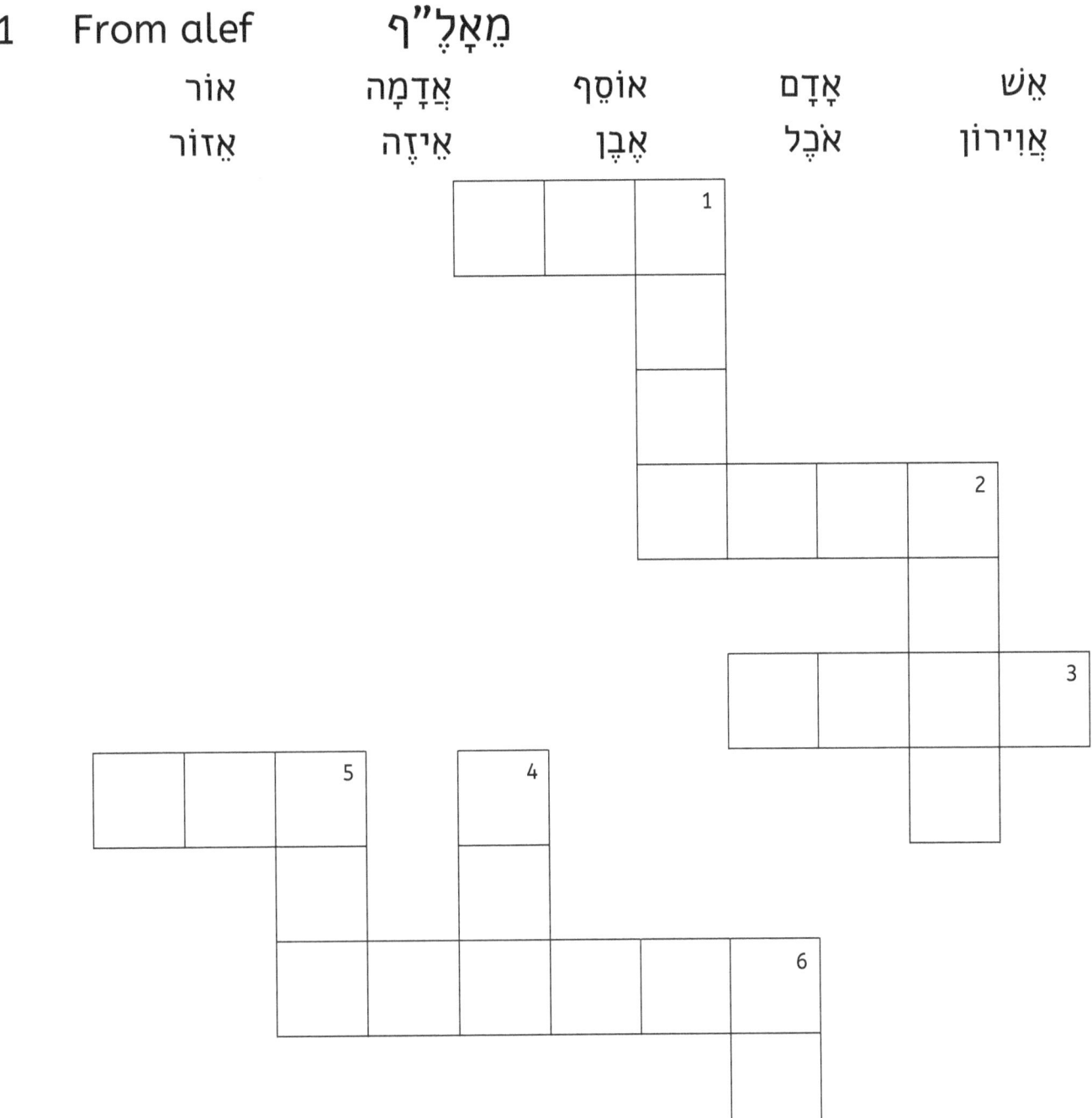

Across

1. Food
2. What; which
3. Collection
5. Person
6. Airplane

Down

1. Earth; ground
2. Area; region
4. Light
5. Stone
6. Fire

2 Israeli breakfast אֲרוּחַת בֹּקֶר יִשְׂרְאֵלִית

גְּבִינָה שַׁקְשׁוּקָה לֶחֶם מִיץ זֵיתִים

בֵּיצָה קָפֶה סָלָט יְרָקוֹת מוּזְלִי לַבָּנֶה

Across

3. Vegetable salad
4. Shakshuka
7. Olives
8. Labaneh cheese
9. Juice

Down

1. Cheese
2. Muesli
5. Coffee
6. Egg
8. Bread

3 Sea view נוֹף לַיָּם

חוֹל | כּוֹבַע שֶׁמֶשׁ | מִשְׁקְפֵי שֶׁמֶשׁ | מַחְצֶלֶת | אֲבַטִּיחַ

מַגֶּבֶת | קְרֶם הֲגָנָה | כַּפְכַּפִּים | קַרְטִיב | מַטְקוֹת

Across

3. Ice pop
7. Mat
8. Sunglasses
10. Sand

Down

1. Watermelon
2. Sun hat
4. Towel
5. Sunblock
6. Flip flops
9. Beach paddleball

4 Sports סְפּוֹרְט

כַּדּוּרֶגֶל גְּלִישַׁת גַּלִּים טֶנִיס טִפּוּס הָרִים סִיּוּף

כַּדּוּרְסַל כַּדּוּר עָף קְשָׁתוּת רְכִיבָה עַל סוּסִים שַׁיִט

Across

3. Basketball
4. Fencing
8. Horseback riding
9. Surfing

Down

1. Mountain climbing
2. Archery
3. Volleyball
5. Soccer
6. Tennis
7. Sailing

5 Pronouns כִּנּוּיִים

אֲנִי	אַתָּה	זֹאת	הִיא	הֵם
אַתְּ	זֶה	הוּא	אֲנַחְנוּ	הֵן

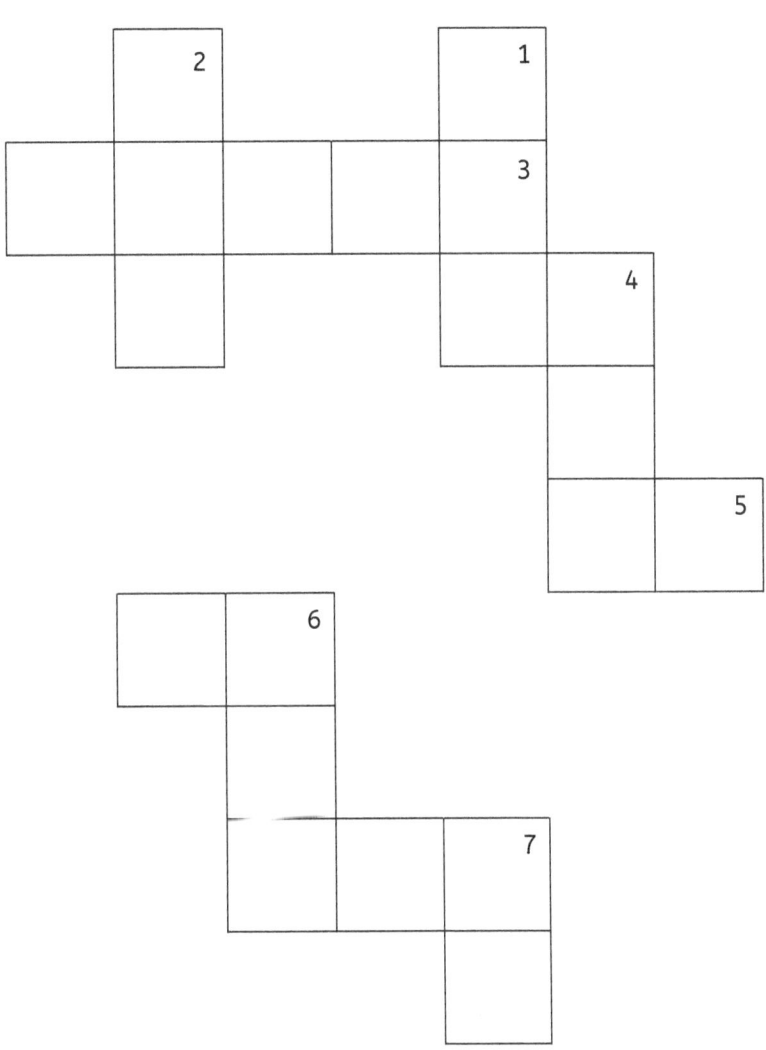

Across
3. We
4. You (f)
5. It (m)
6. They (m)
7. He

Down
1. It (f)
2. I; me
4. You (m)
6. She
7. They (f)

6 Conjunctions מִילוֹת קִשּׁוּר

אֲבָל כִּי אִם לַמְרוֹת כַּאֲשֶׁר

אוֹ אֶלָּא עַד כְּדֵי מֵאָז

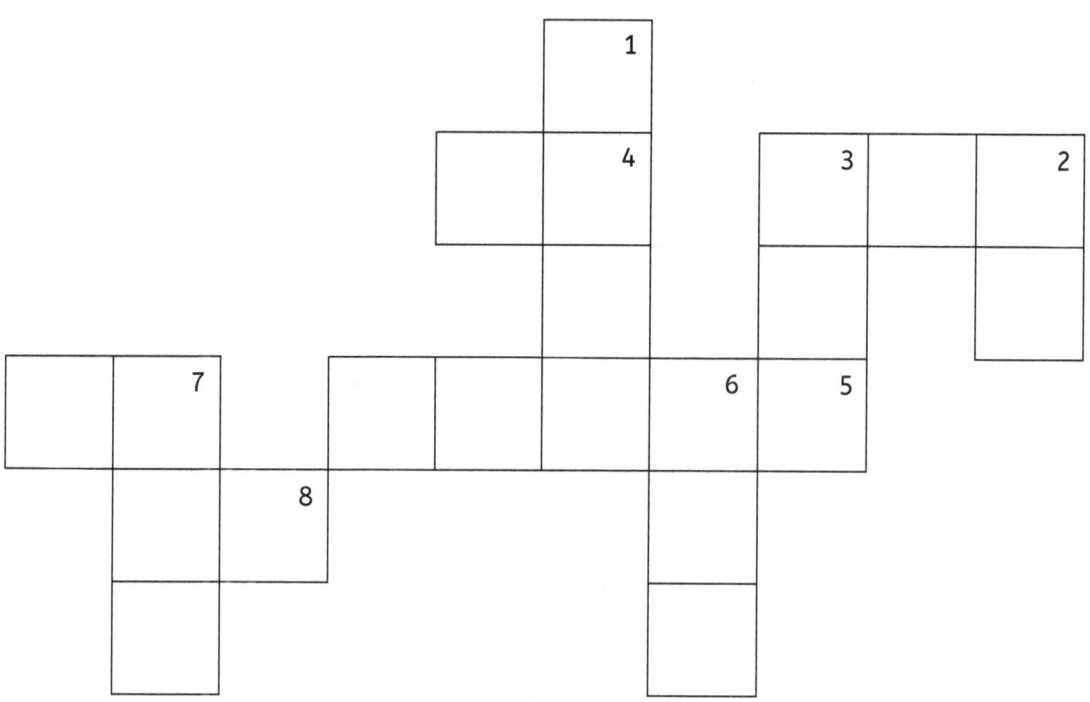

Across

2. But rather
4. If
5. Although
7. Because; that
8. Until

Down

1. When; if
2. Or
3. But
6. Since
7. In order to; so that

7 Verbs פְּעָלִים

לִהְיוֹת לָלֶכֶת לִרְאוֹת לָדַעַת לַחְשׁוֹב
לַעֲשׂוֹת לוֹמַר לָבוֹא לָקַחַת לִמְצוֹא

Across
2. To be
3. To take
5. To find
6. To come
7. To do; to make

Down
1. To go; to walk
3. To think
4. To say
5. To see
6. To know

8 Four seasons אַרְבַּע עוֹנוֹת

חֹרֶף קַיִץ קַר גֶּשֶׁם שֶׁמֶשׁ

אָבִיב סְתָו חַם רַעַם לַחוּת

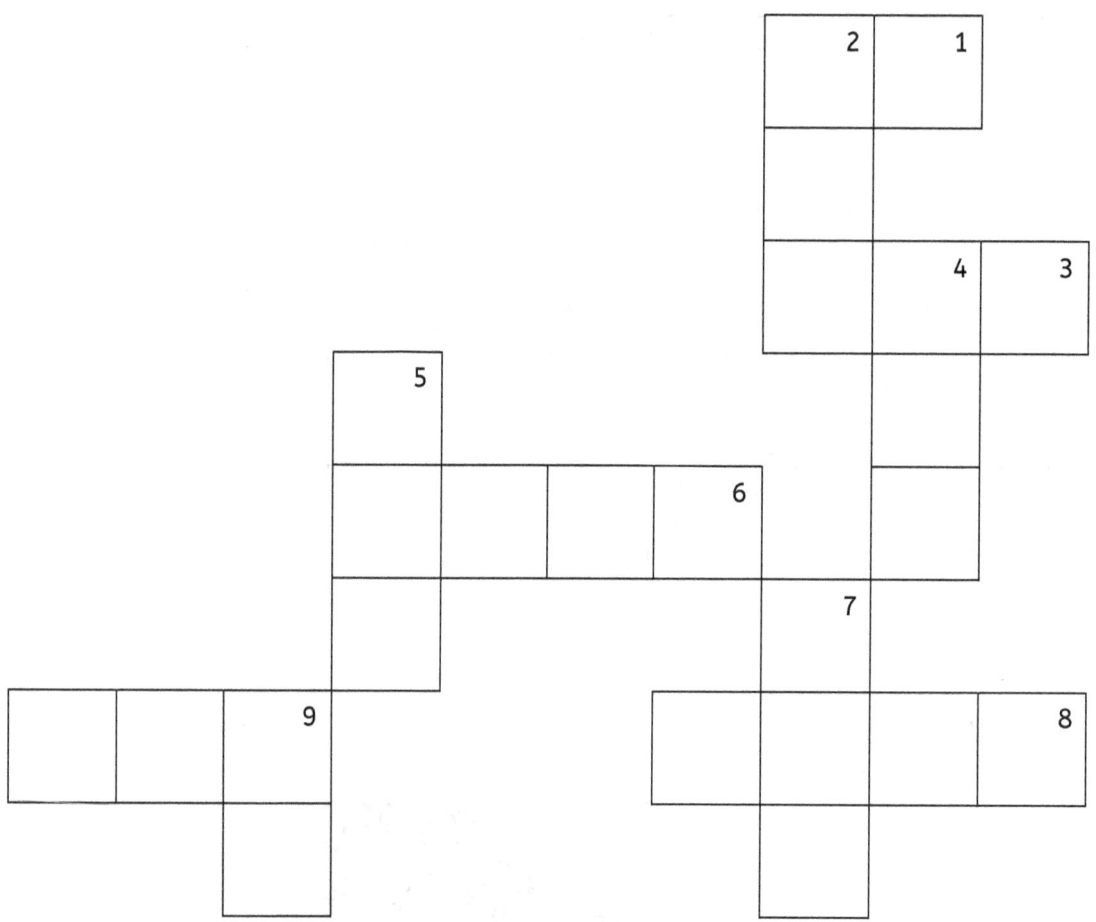

Across

1. Cold
3. Rain
6. Humidity
8. Spring
9. Winter

Down

2. Thunder
4. Sun
5. Fall
7. Summer
9. Hot

9 Birds צִפּוֹרִים

דְרוֹר יוֹנָה תֻּכִּי פְלָמִינְגּוֹ טַוָּס

יָעֵן שַׁחַף בַּרְוָז דוּכִיפַת בַּרְבּוּר

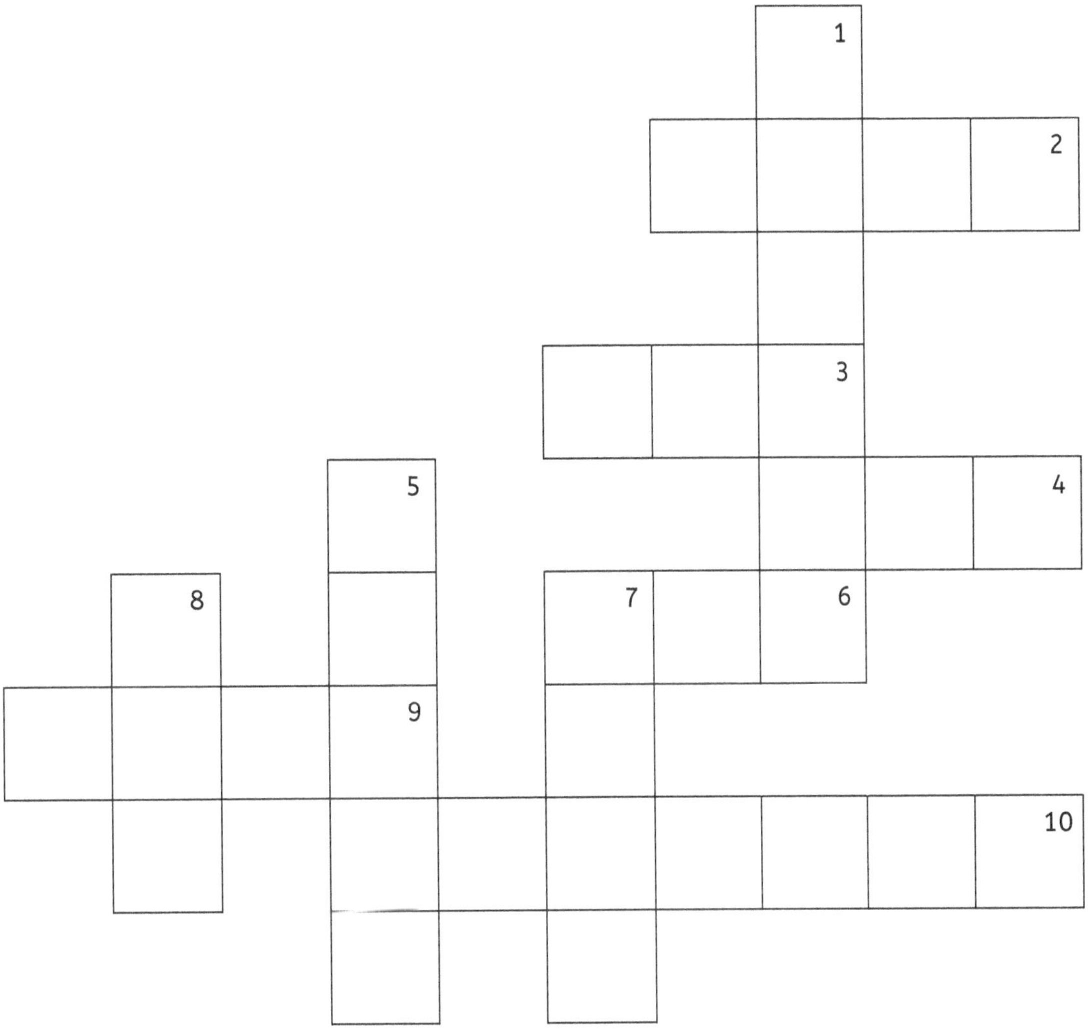

Across

2. Sparrow
3. Ostrich
4. Seagull
6. Parrot
9. Duck
10. Flamingo

Down

1. Hoopoe
5. Swan
7. Dove; pigeon
8. Peacock

10 Adjectives שֵׁמוֹת תֹּאַר

מָתוֹק חָדָשׁ לְאַט מַהֵר גָּדוֹל

קָטָן רַע יָשָׁן טוֹב חָמוּץ

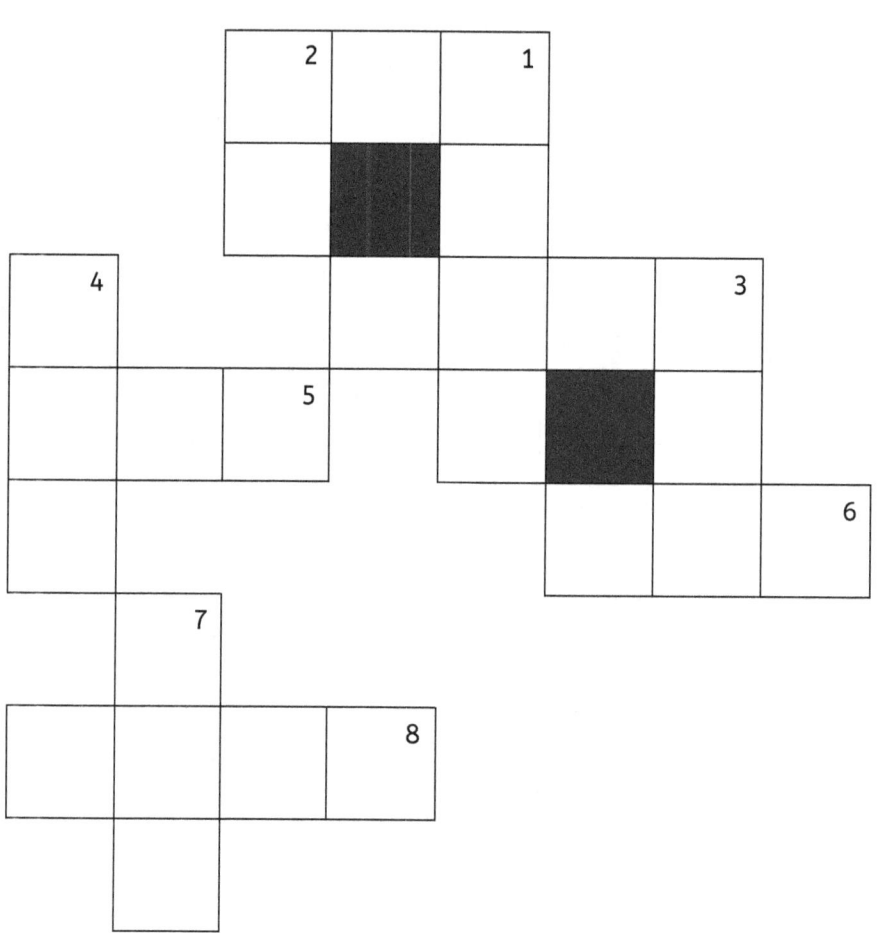

Across

1. Fast
3. Sour
5. Slow
6. Old
8. Big

Down

1. Sweet
2. Bad
3. New
4. Little
7. Good

11 Books   סְפָרִים

שִׁירָה   מוֹתְחָן   סֵפֶר בִּשּׁוּל   סִפּוּר חַיִּים   סֵפֶר לִמּוּד
דְּרָמָה   פַנְטַזְיָה   מַדָּע בִּדְיוֹנִי   הַרְפַּתְקָה   מִלּוֹן

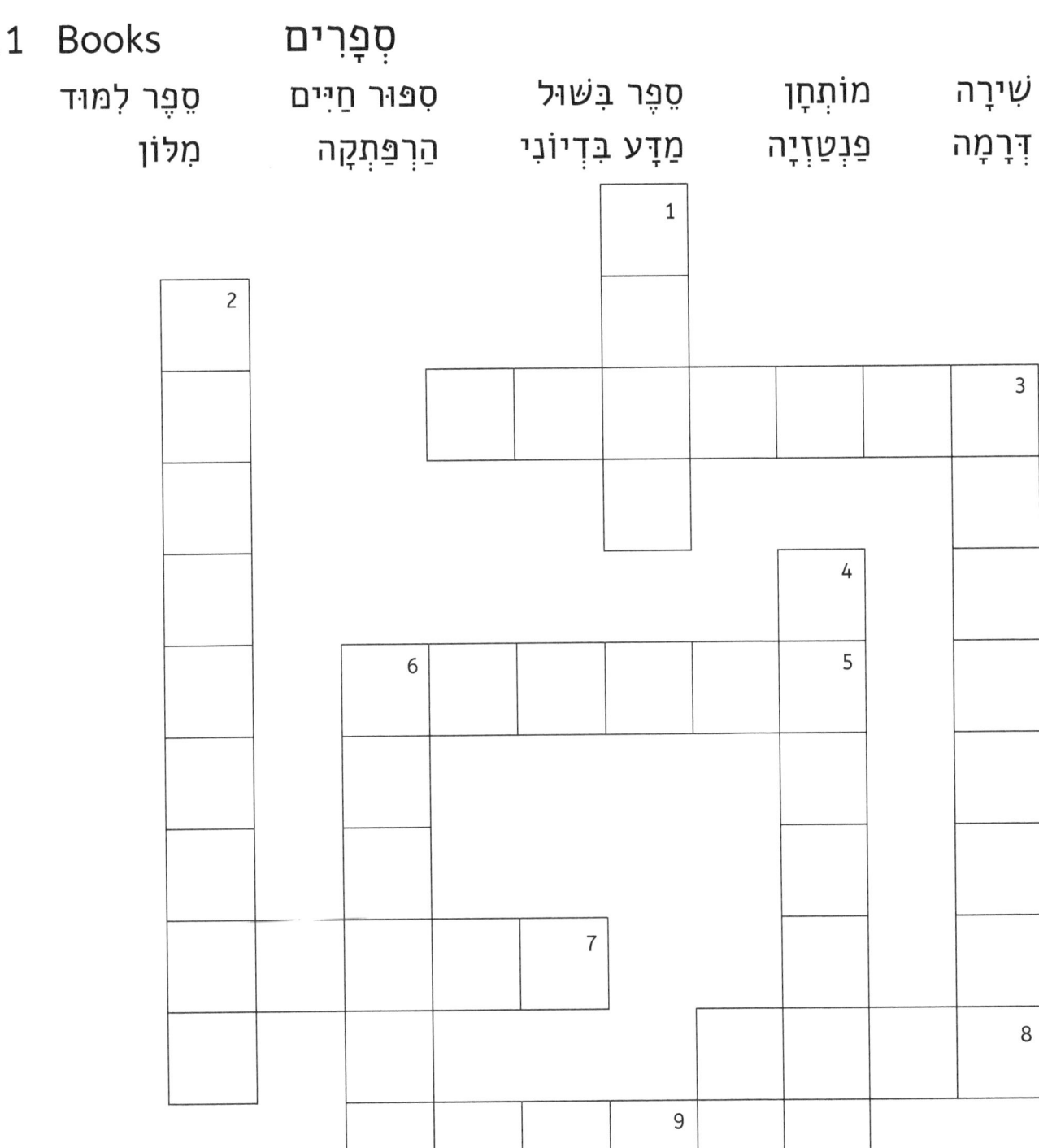

Across
3. Textbook
5. Fantasy
7. Thriller
8. Dictionary
9. Poetry

Down
1. Drama
2. Science Fiction
3. Biography
4. Cookbook
6. Adventure

12 Buildings בִּנְיָנִים

בַּיִת	בֵּית חוֹלִים	מוּזֵאוֹן	מִסְעָדָה	מַחְסָן
מִפְעָל	בֵּית סֵפֶר	מָלוֹן	מָכוֹן	מִבְנֶה עַתִּיק

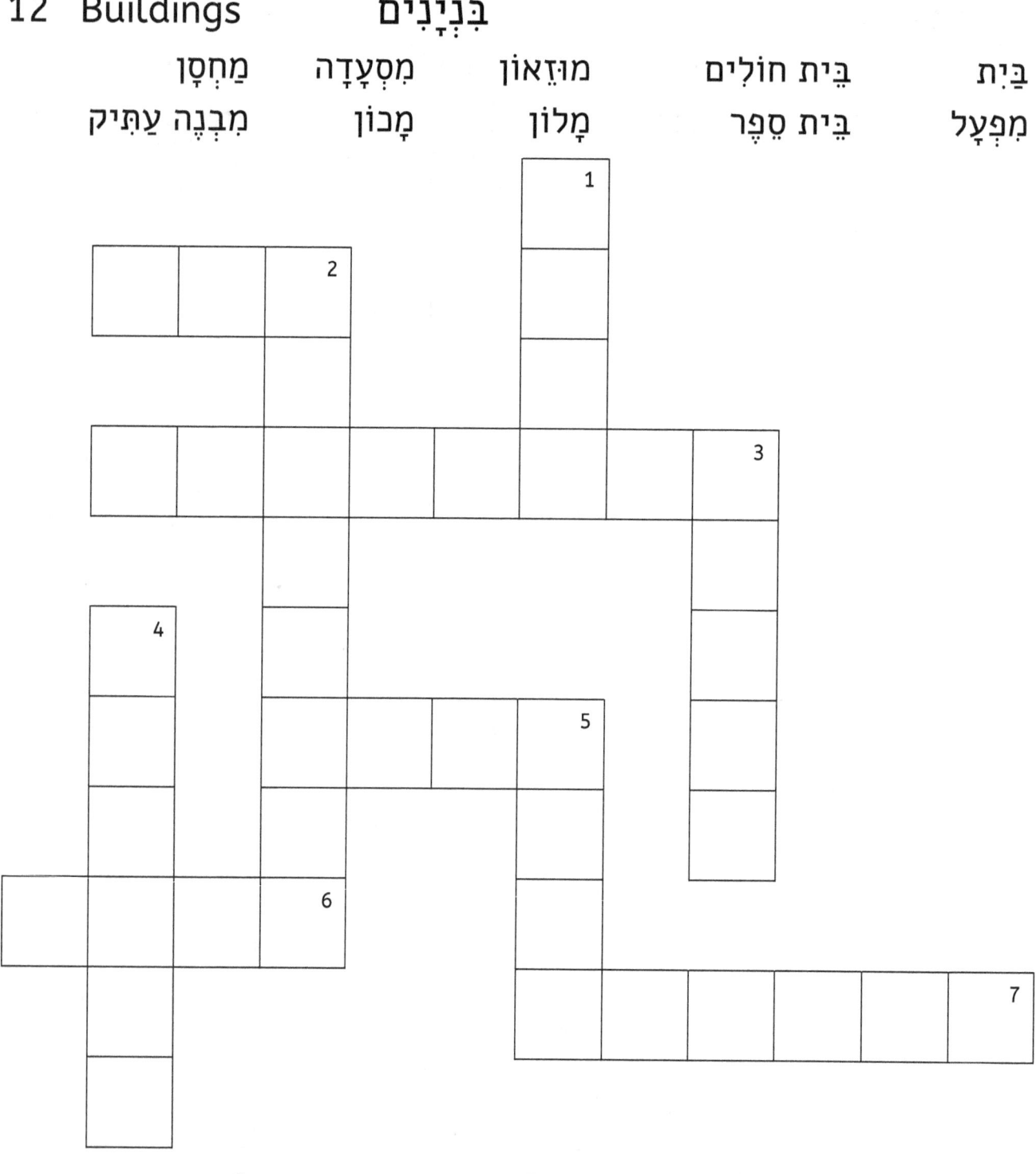

Across

2. House
3. Ancient structure
5. Factory
6. Warehouse
7. Museum

Down

1. Institute
2. Hospital
3. Restaurant
4. School
5. Hotel

13 Superheroes גִּבּוֹרֵי-עָל

סוּפֶּרְמֶן	סוּפָּה	אַלְמָנָה שְׁחֹרָה	סְפַּיְדֶרְמֶן	הָעֲנָק הַיָּרֹק
בֶּאטְמֶן	תּוֹר	אִישׁ הַבַּרְזֶל	ווֹנְדֶר ווּמֶן	פְּרוֹפֶסוֹר אֶקְס

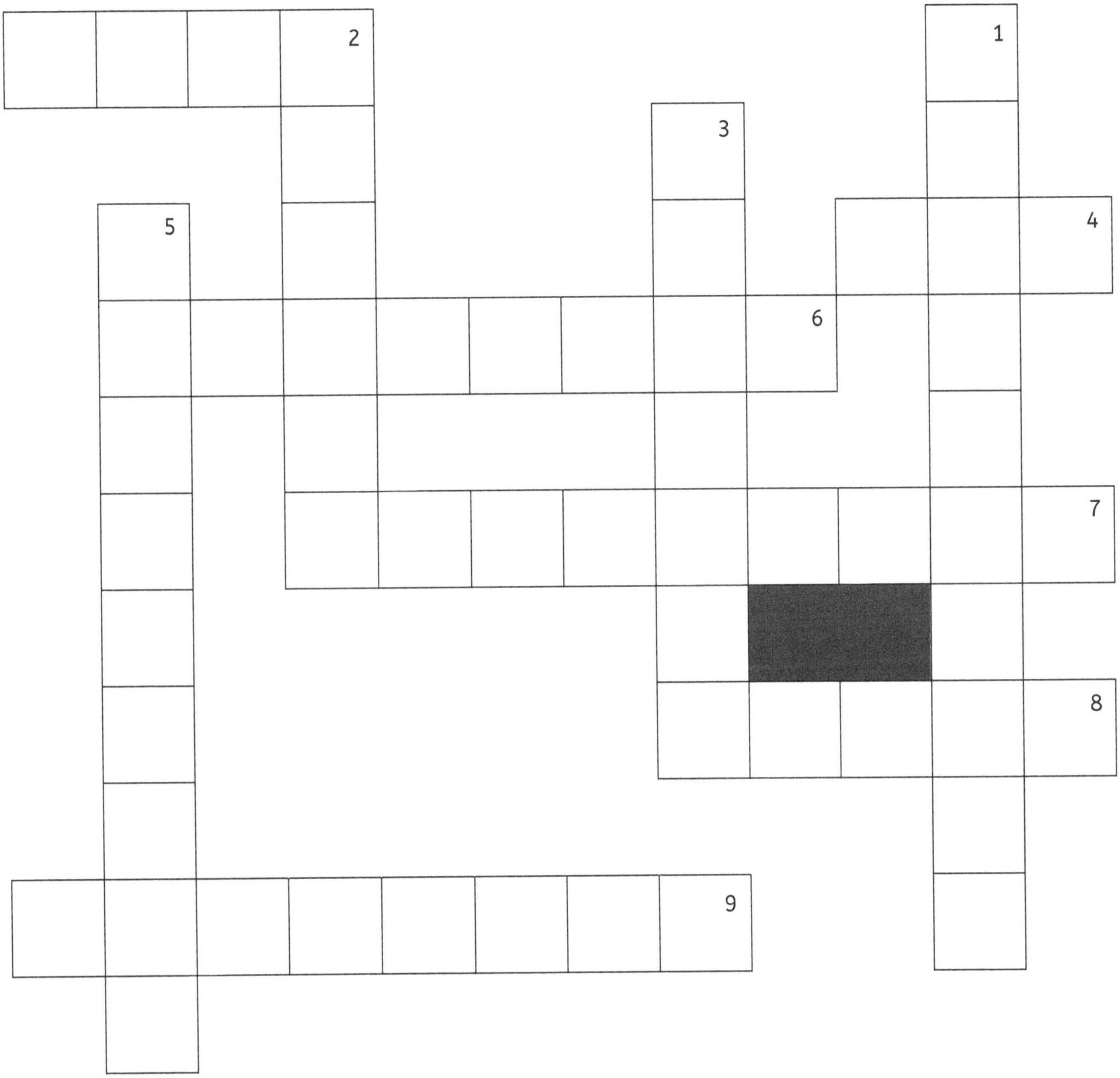

Across

2. Storm
4. Thor
6. Iron Man
7. Wonder Woman
8. Batman
9. Hulk

Down

1. Professor X
2. Superman
3. Spider-Man
5. Black Widow

14 Emotions רְגָשׁוֹת

שִׂמְחָה פַּחַד אַהֲבָה נוֹסְטַלְגִּיָּה חֲרָדָה

עֶצֶב כַּעַס קִנְאָה גַּאֲוָה הַפְתָּעָה

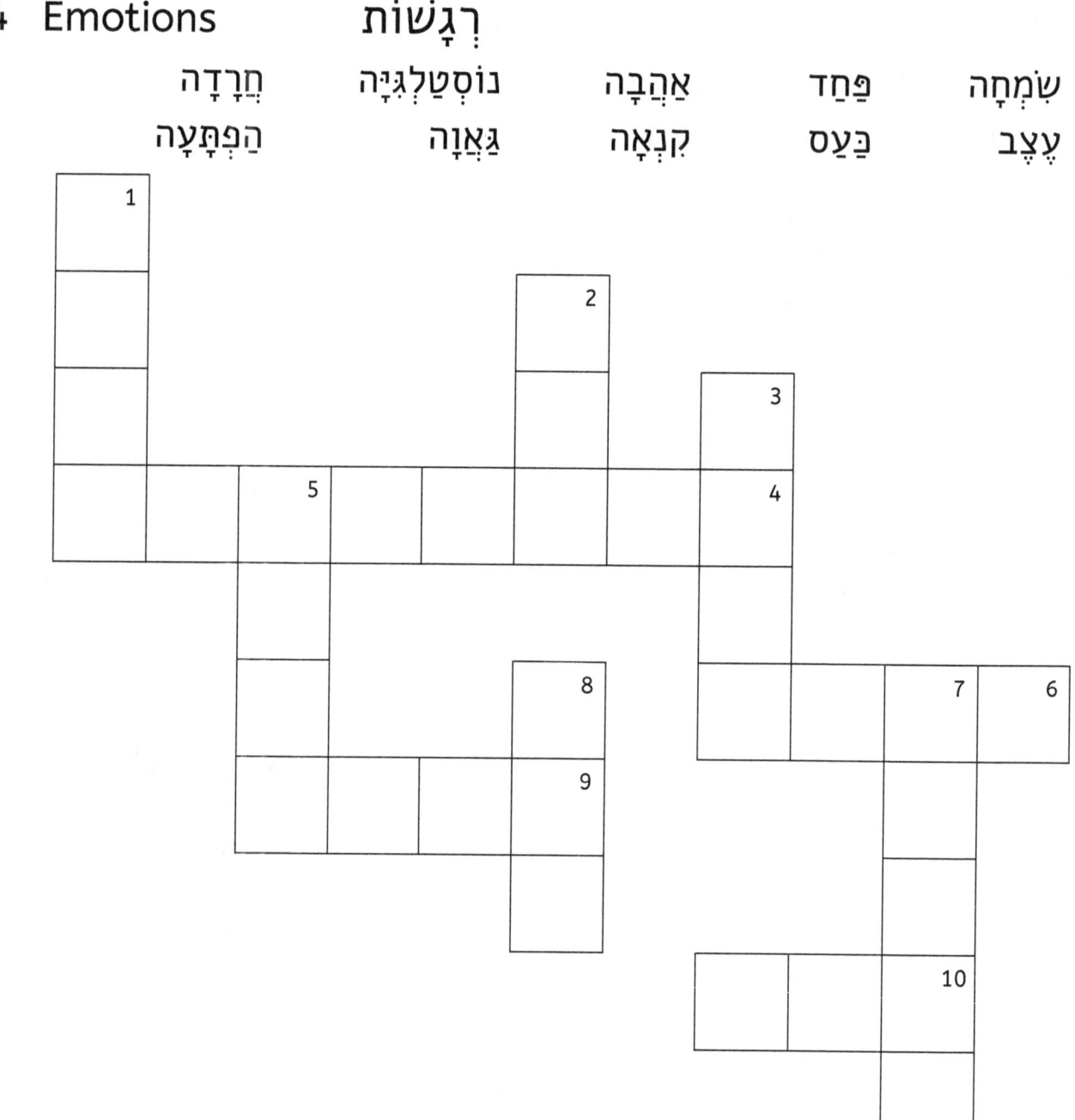

Across

4. Nostalgia
6. Love
9. Anxiety
10. Sadness

Down

1. Happiness
2. Anger
3. Jealousy
5. Pride
7. Surprise
8. Fear

15 Clothing בְּגוּד

סְוֶדֶר	מִכְנָסַיִם	גְּלִימָה	זָ'קֵט	צָעִיף
חֻלְצָה	נַעֲלַיִם	תַּחְתּוֹנִים	כּוֹבַע	מְעִיל

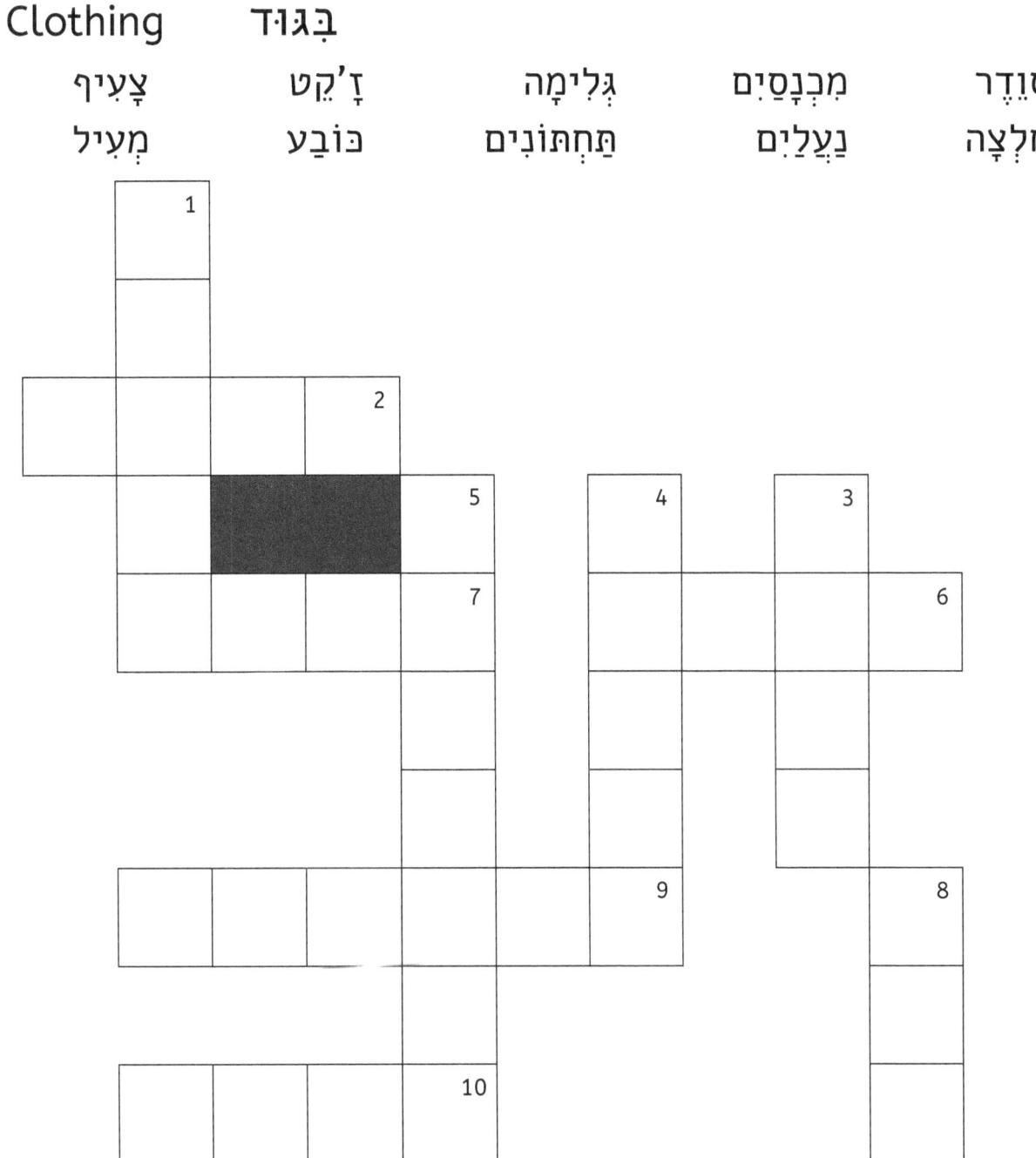

Across

2. Scarf
6. Hat
7. Shirt
9. Pants
10. Coat

Down

1. Cloak
3. Sweater
4. Shoes
5. Underwear
8. Jacket

16 Furniture רָהִיטִים

מִטָּה כִּסֵּא הֲדוֹם מִזְנוֹן כֻּרְסָה

שֻׁלְחָן מְגֵרָה אָרוֹן מִכְתָּבָה סַפְסָל

Across

1. Chair
3. Bench
4. Writing desk
5. Sideboard
6. Closet
7. Ottoman

Down

1. Armchair
2. Table
4. Drawer
5. Bed

17 Mammals יוֹנְקִים

נָמֵר עֵז חֲמוֹר קֶנְגּוּרוּ עֲטַלֵּף

שׁוֹר אַיָּל ג'ירָפָה בּוֹנֶה קִפּוֹד

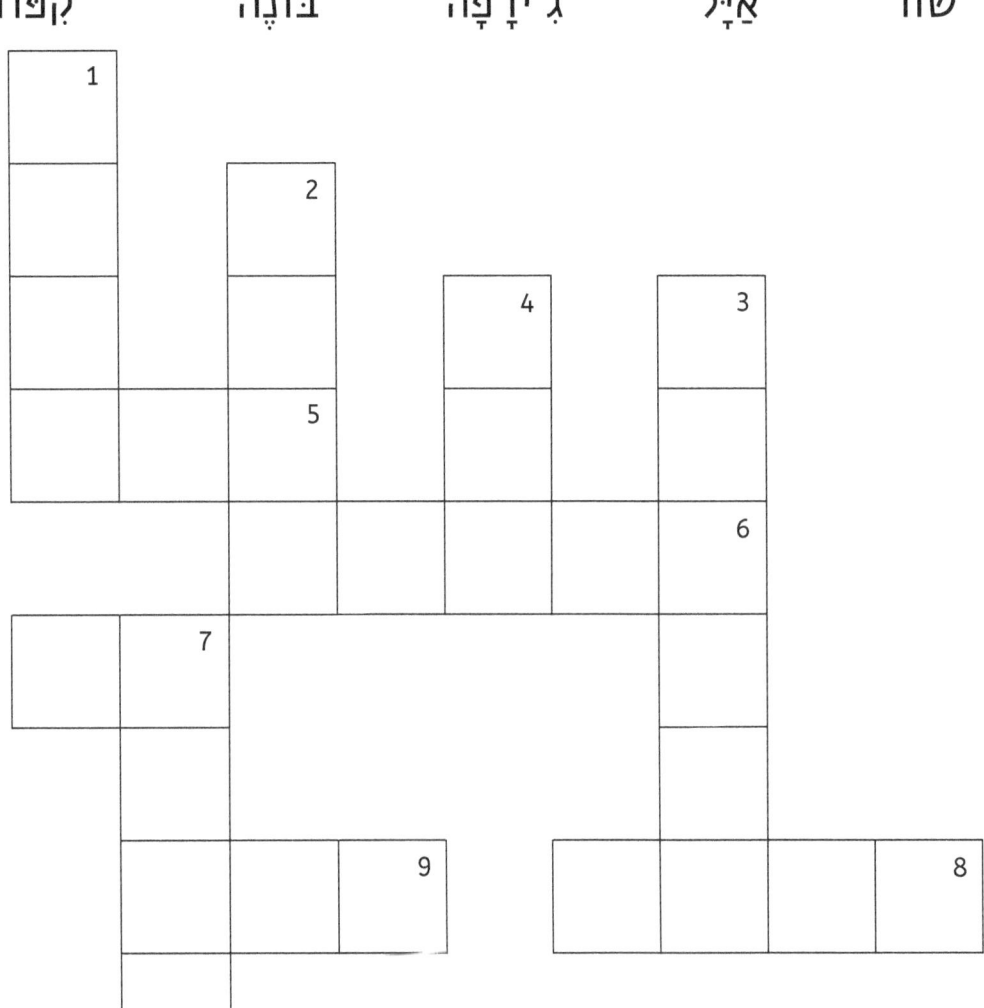

Across

5. Leopard
6. Giraffe
7. Goat
8. Hedgehog
9. Deer

Down

1. Donkey
2. Beaver
3. Kangaroo
4. Bull
7. Bat

18 Monsters מִפְלָצוֹת

דְּרָקוֹן　מֶדוּזָה　גַּרְגּוֹיְל　אָדָם זְאֵב　מוּמְיָה

מִינוֹטָאוּר　קִיקְלוֹפּ　זוֹמְבִּי　עַרְפָּד　טְרוֹל

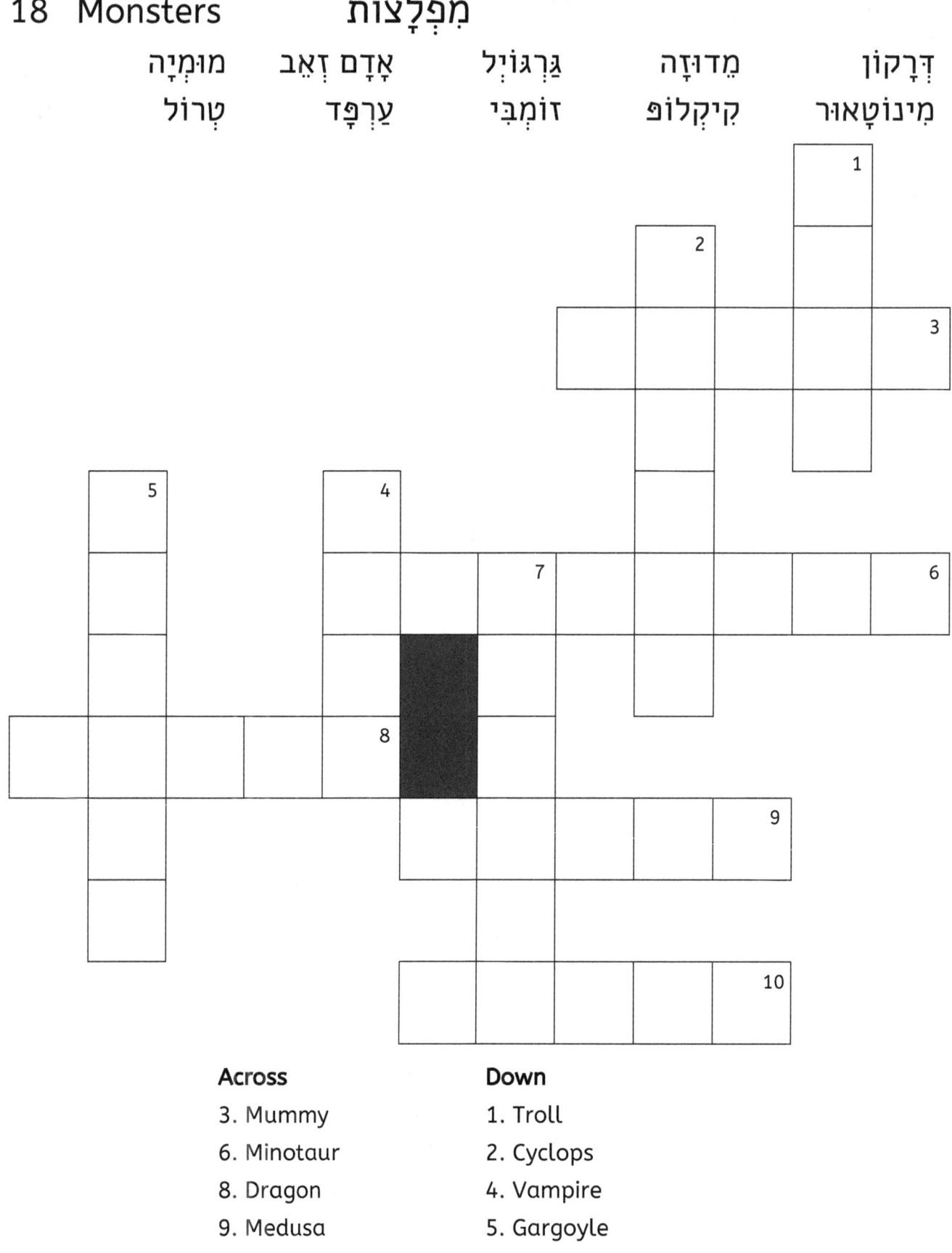

Across

3. Mummy
6. Minotaur
8. Dragon
9. Medusa
10. Zombie

Down

1. Troll
2. Cyclops
4. Vampire
5. Gargoyle
7. Werewolf

19 First names   שֵׁמוֹת פְּרָטִיִּים

שְׁלֹמֹה   מֹשֶׁה   יוֹנָתָן   יוֹסֵף   מַאיָה
אֲבִיגַיִל   תָּמָר   לֵאָה   רָחֵל   אֵיתָן

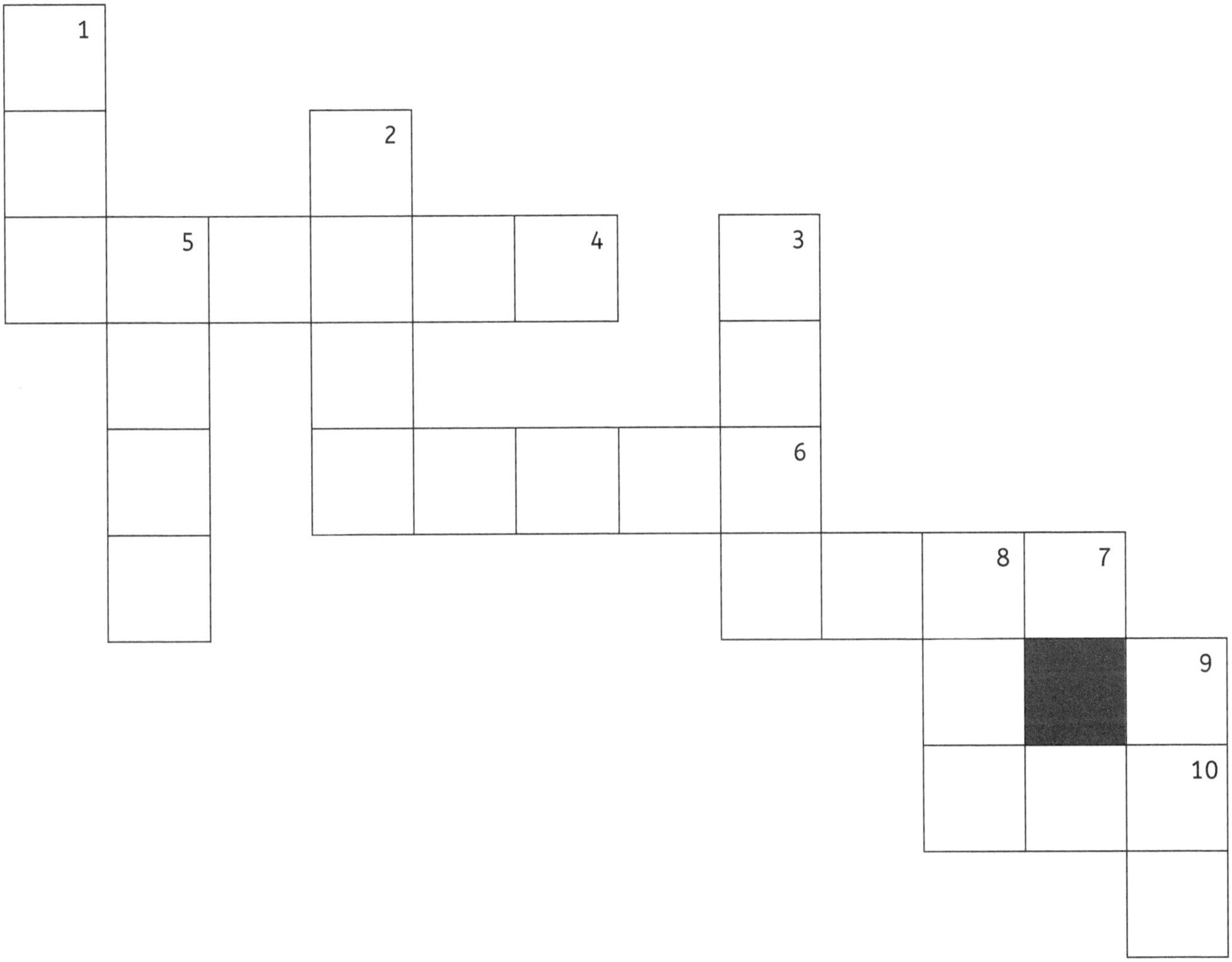

Across
4. Abigail
6. Jonathan
7. Shlomo
10. Moses

Down
1. Rachel
2. Ethan
3. Maya
5. Joseph
8. Leah

9. Tamar

20 Parts of speech חֶלְקֵי דִּבּוּר

שֵׁם עֶצֶם פֹּעַל תֹּאַר הַפֹּעַל מִלַּת קִשּׁוּר שֵׁם פֹּעַל

בֵּינוֹנִי שֵׁם תֹּאַר מִלַּת יַחַס מִלַּת קְרִיאָה כִּנּוּי גּוּף

Across

1. Pronoun
4. Infinitive
6. Preposition
7. Interjection
8. Participle

Down

2. Verb
3. Noun
4. Adjective
5. Adverb
6. Conjunction

21 In school בְּבֵית הַסֵּפֶר

מָתֵמָטִיקָה הִתְעַמְּלוּת אֶזְרָחוּת אָמָּנוּת לָשׁוֹן

הִיסְטוֹרְיָה סִפְרוּת תָּנָ"ךְ מוּזִיקָה מַדָּע

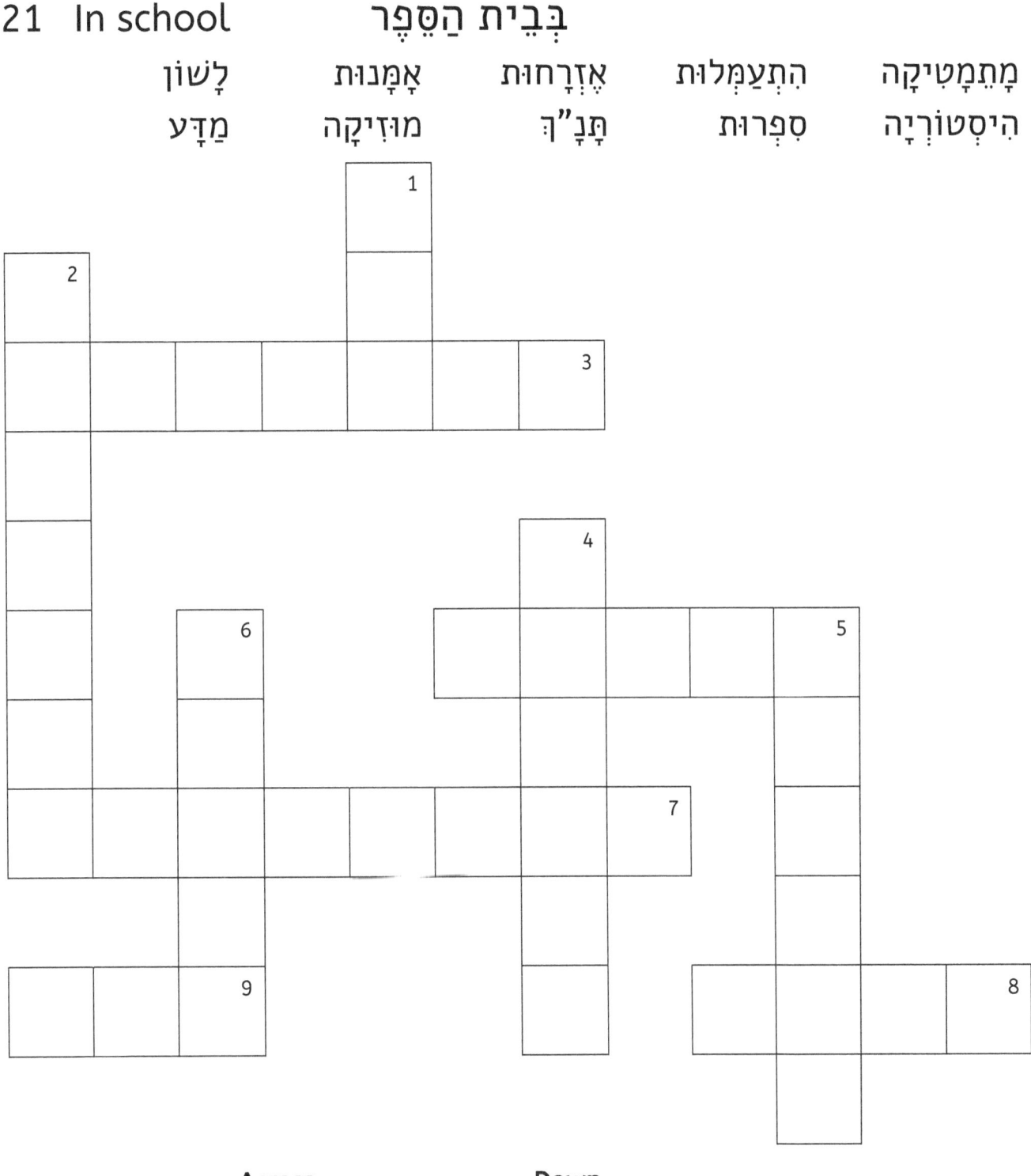

Across

3. Physical education
5. Art
7. History
8. Language Arts
9. Religious studies

Down

1. Science
2. Mathematics
4. Music
5. Civics
6. Literature

22 Materials חֳמָרִים

עֵץ גּוּמִי אֶבֶן קַרְטוֹן קֵרָמִיקָה

מַתֶּכֶת פְּלַסְטִיק זְכוּכִית אָרִיג שַׁעֲוָה

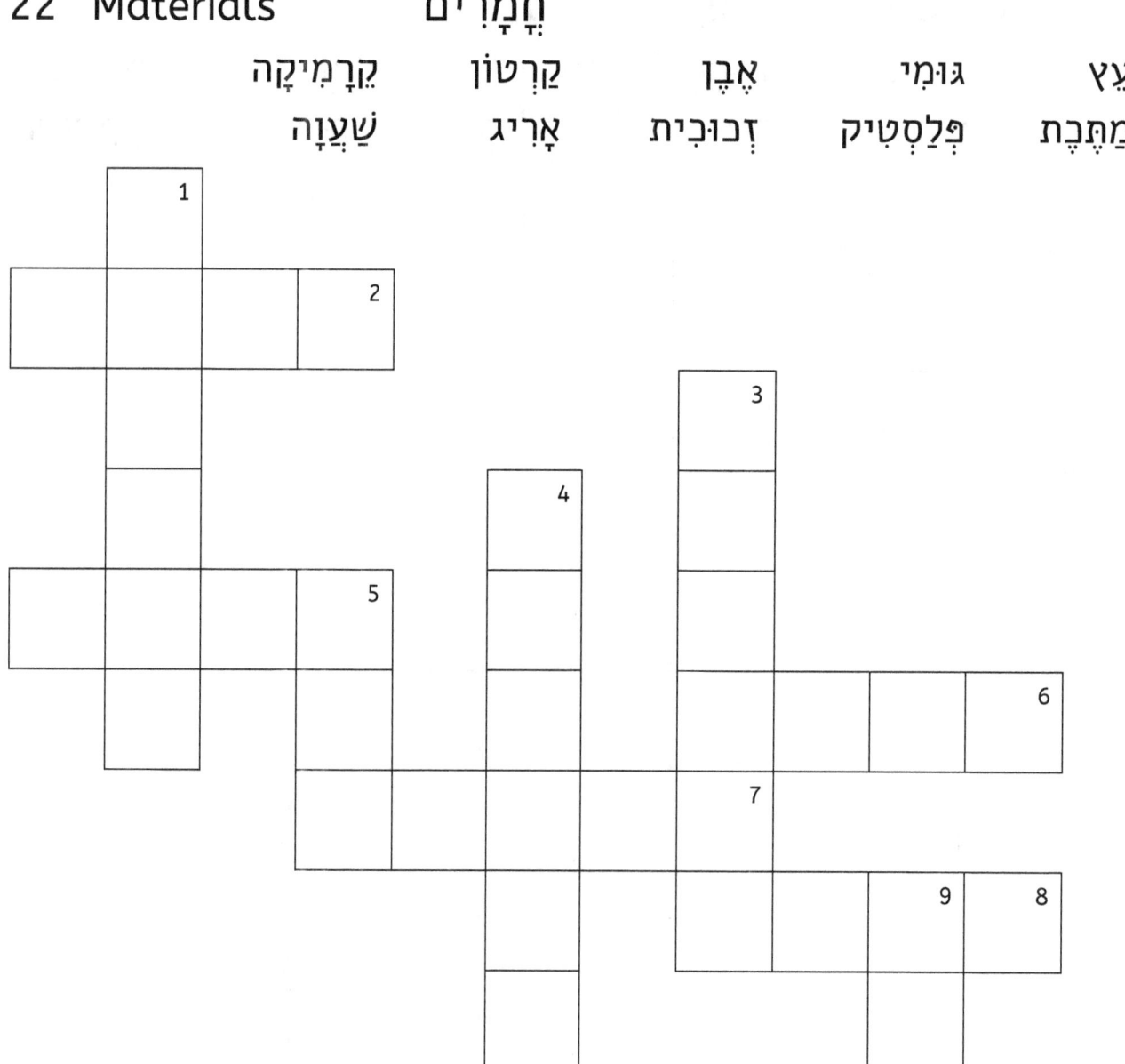

Across

2. Metal
5. Fabric
6. Rubber
7. Cardboard
8. Wax

Down

1. Glass
3. Ceramic
4. Plastic
5. Stone
9. Wood

23 Hobbies תַּחְבִּיבִים

גִּנּוּן קְרִיאָה בִּשּׁוּל דַּיִּג גְּלִישָׁה

צִלּוּם אַסְפָנוּת מִשְׂחֲקָנוּת כְּתִיבָה רִיצָה

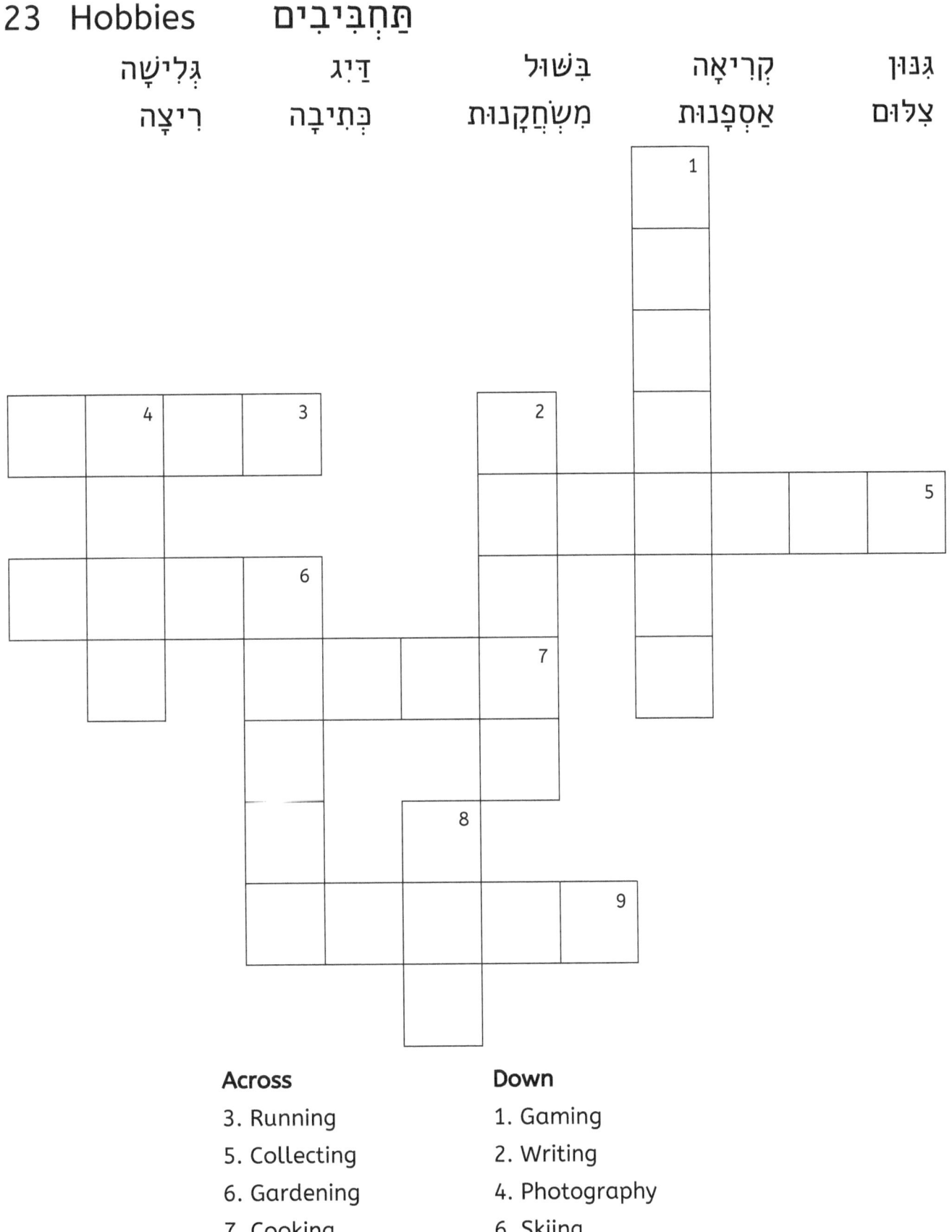

Across

3. Running
5. Collecting
6. Gardening
7. Cooking
9. Reading

Down

1. Gaming
2. Writing
4. Photography
6. Skiing
8. Fishing

24 Downtown — מֶרְכַּז הָעִיר

חֲנוּת סְפָרִים   מַאֲפִיָּה   בּוּטִיק   חֲנוּת עַתִּיקוֹת   חֲנוּת פְּרָחִים
קַצָּבִיָּה   מַעֲדַנִּיָּה   מַרְכּוֹל   מַכֹּלֶת   בֵּית מִרְקַחַת

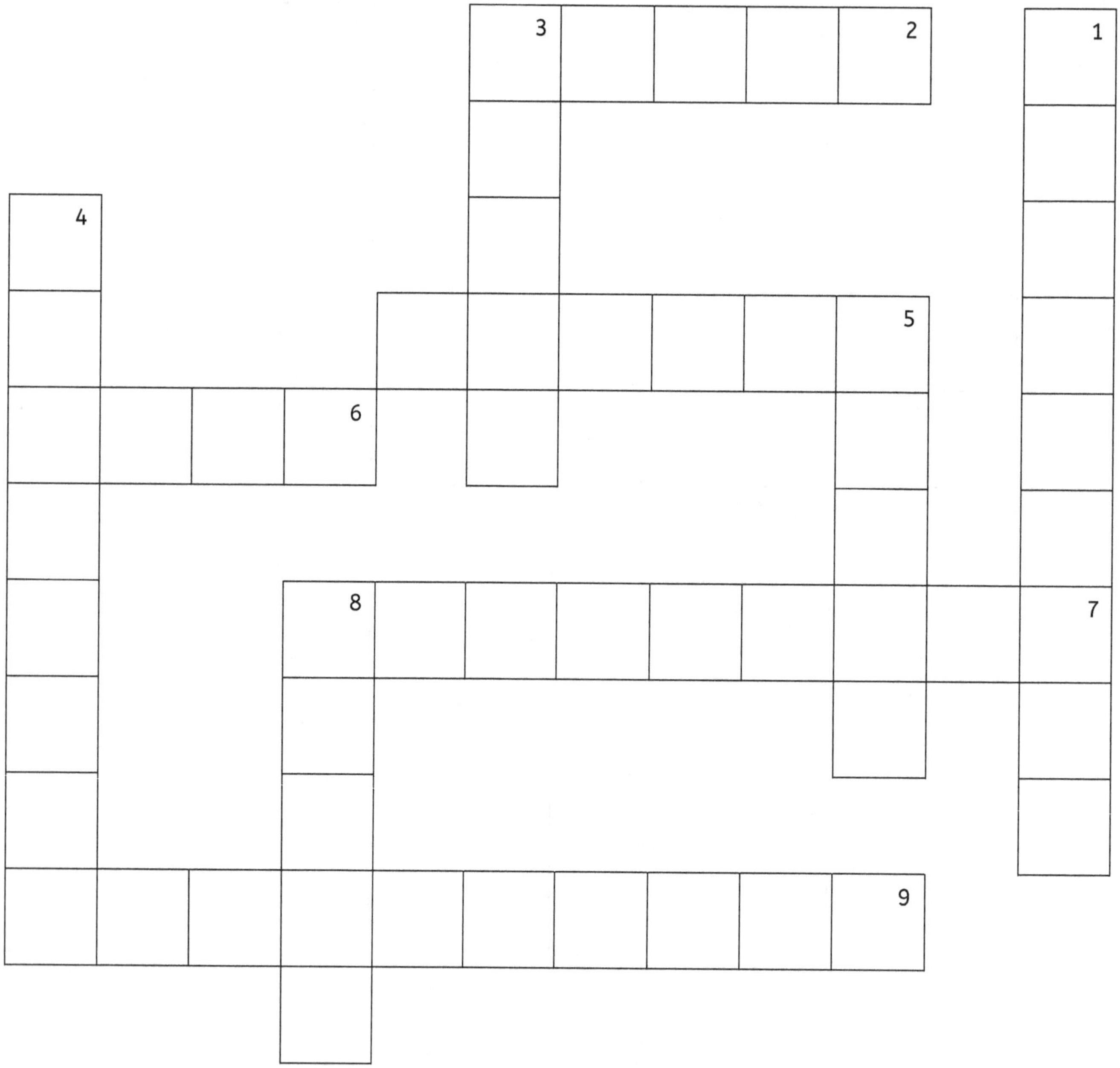

Across
2. Boutique
5. Delicatessen
6. Convenience store
7. Bookstore
9. Antique shop

Down
1. Flower shop
3. Butcher shop
4. Pharmacy
5. Supermarket
8. Bakery

25 Around the world מִסָּבִיב לָעוֹלָם

יִשְׂרָאֵל קָנָדָה אוֹסְטְרִיָּה אִיטַלְיָה יָוָן

אַרְצוֹת הַבְּרִית עִירַאק תֵּימָן צָרְפַת יַפָּן

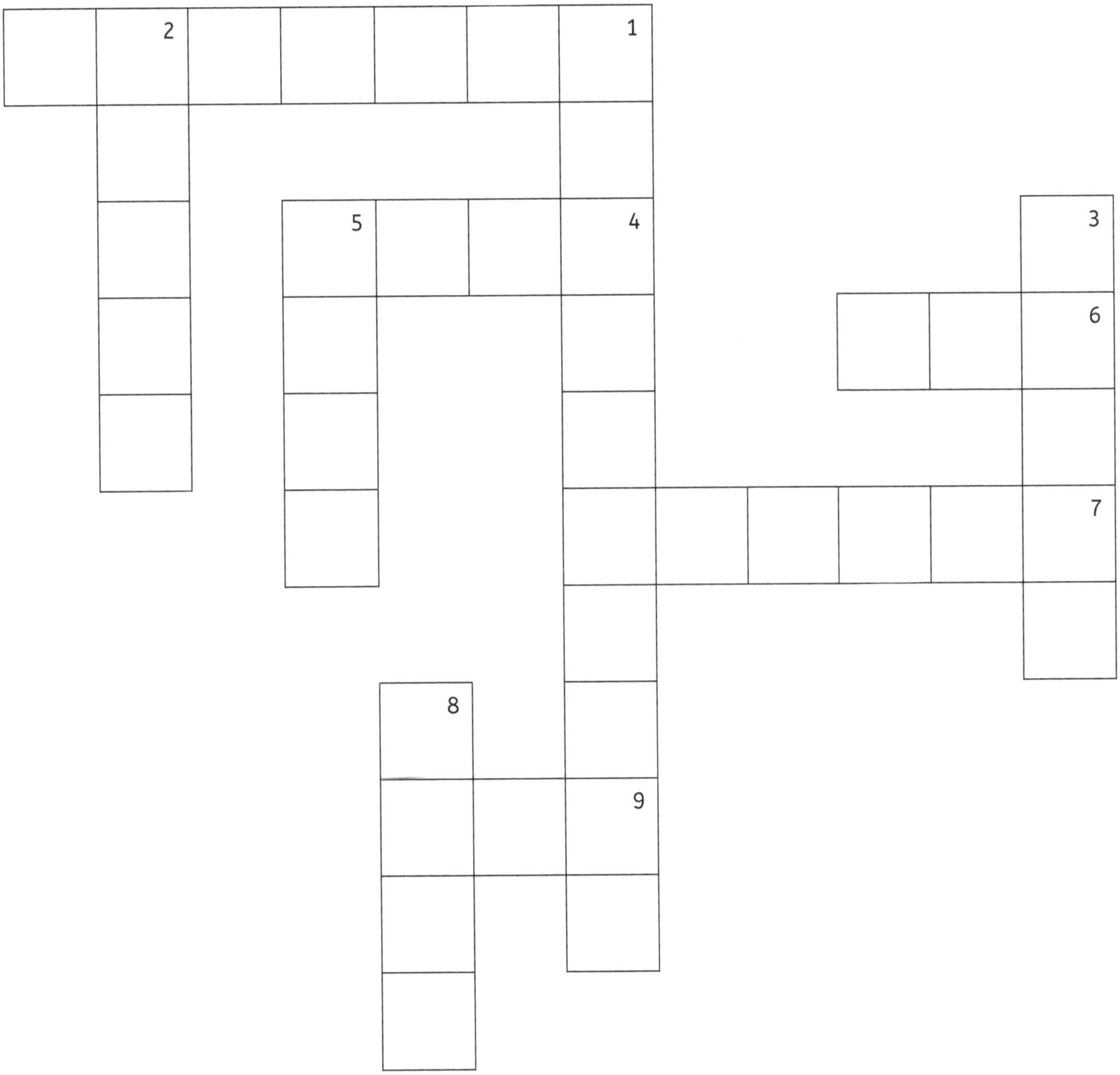

Across

1. Austria
4. France
6. Japan
7. Italy
9. Greece

Down

1. United States
2. Israel
3. Iraq
5. Yemen
8. Canada

26 Habitats בָּתֵּי־גִדּוּל

יַעַר טוּנְדְרָה בִּצָּה אוֹקְיָנוּס שָׂדֶה

מִדְבָּר חוֹף הַר עֲרָבָה אֲגַם

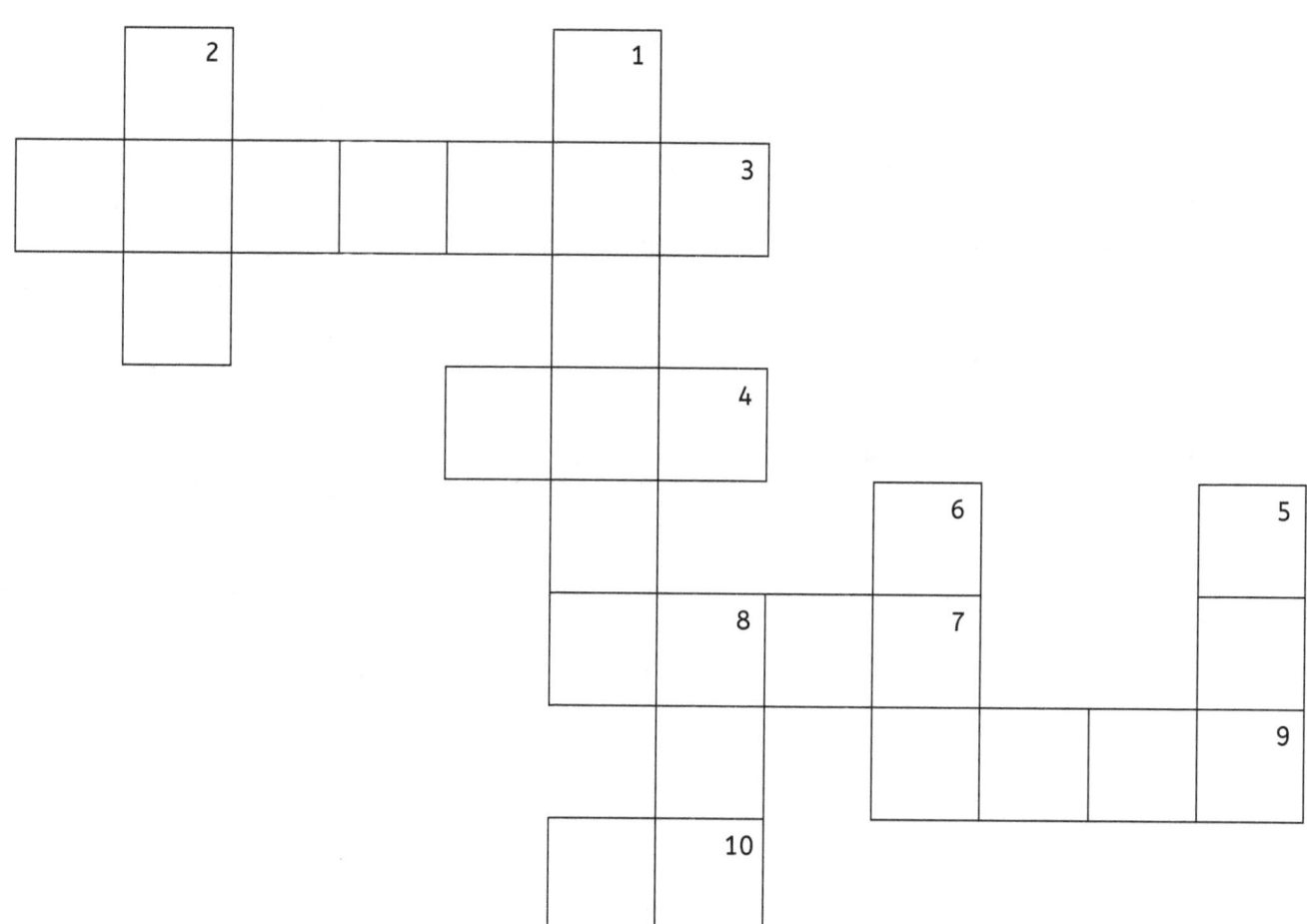

Across

3. Ocean
4. Field
7. Prairie
9. Desert
10. Mountain

Down

1. Tundra
2. Coast
5. Lake
6. Forest
8. Swamp

27 Dessert menu תַּפְרִיט קִנּוּחִים

עוּגָה סֻפְגָּנִיָּה פַּשְׁטִידָה חַלְוָה לִפְתָּן

שׁוֹקוֹלָד סָלָט פֵּרוֹת חֲבִיצָה גְּלִידָה עוּגִיָּה

Across

4. Fruit salad
6. Ice cream
7. Pudding; custard
9. Cake
10. Compote

Down

1. Halva
2. Cookie
3. Doughnut
5. Pie
8. Chocolate

28 To tav עַד תָּי"ו

אֱמֶת   פְּעִילוּת   יְכֹלֶת   דְּמוּת   כְּנֶסֶת
בְּרִית   מָסֹרֶת   בַּצֹּרֶת   מוֹפֵת   אַחְדוּת

Across
2. Tradition
3. Unity
5. Great example
8. Assembly
9. Drought

Down
1. Covenant
3. Truth
4. Character
6. Activity
7. Ability

Answer key

1 From Alef מֵאָלֶ"ף

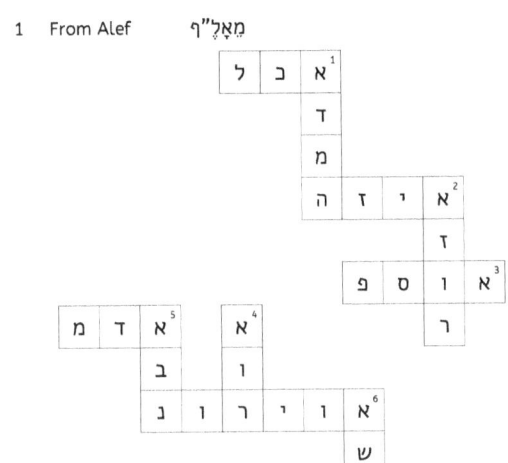

2 Israeli Breakfast אֲרוּחַת בֹּקֶר יִשְׂרְאֵלִית

3 Sea View נוֹף לַיָּם

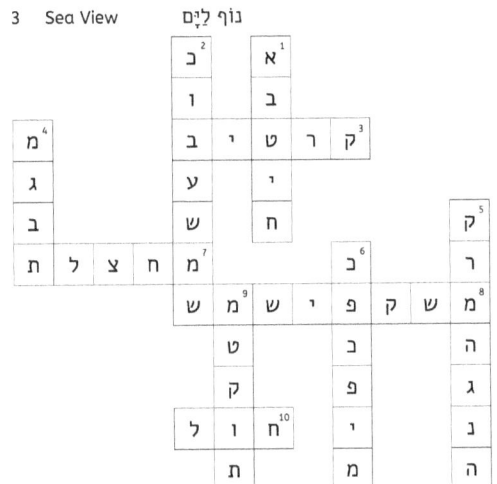

4 Sports סְפּוֹרְט

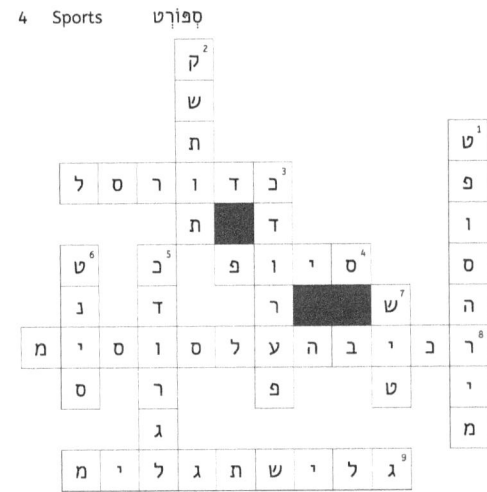

5 Pronouns כִּנּוּיִים

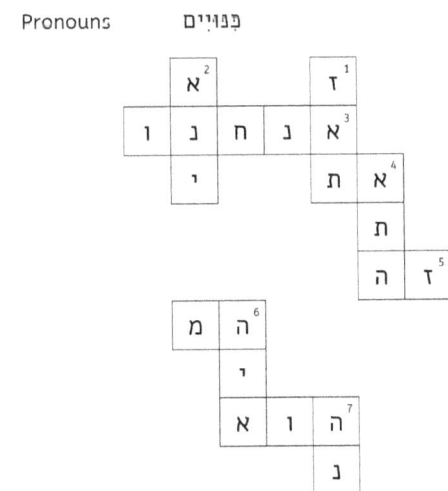

6 Conjunctions מִילוֹת קִשּׁוּר

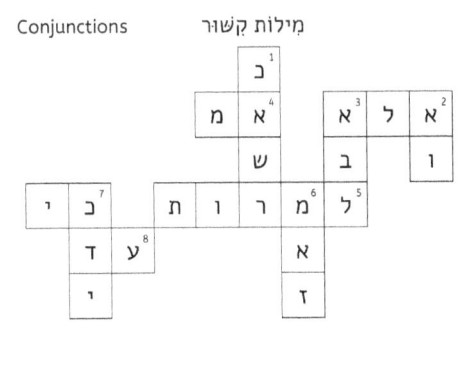

7 Verbs   פְּעָלִים

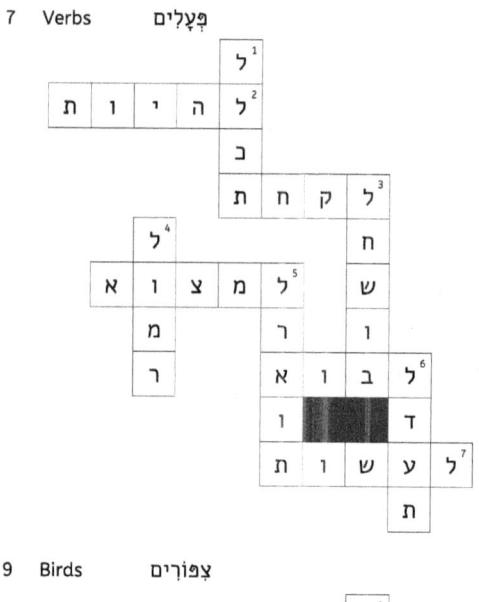

8 Four Seasons   אַרְבַּע עוֹנוֹת

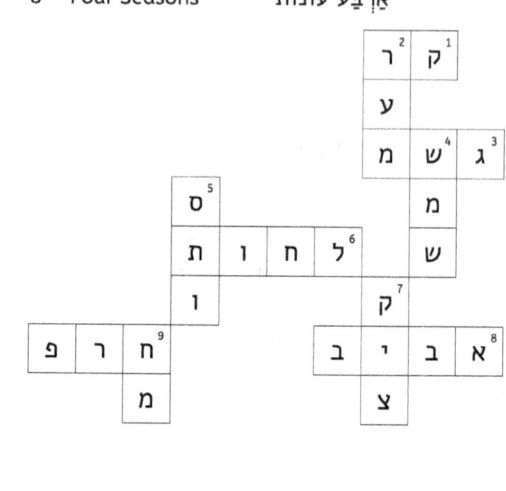

9 Birds   צִפּוֹרִים

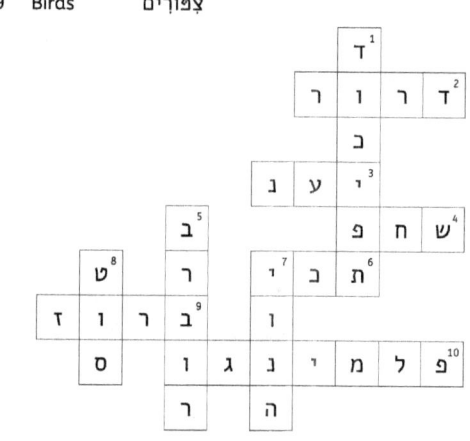

10 Adjectives   שֵׁמוֹת תֹּאַר

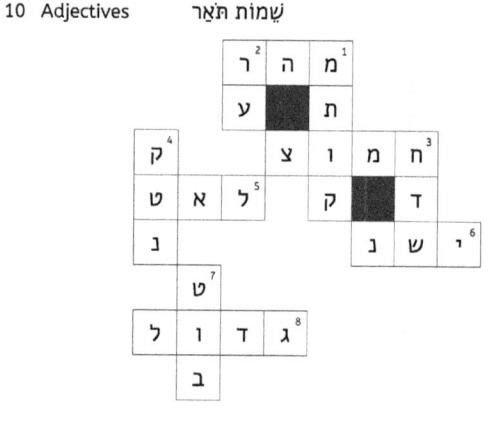

11 Books   סְפָרִים

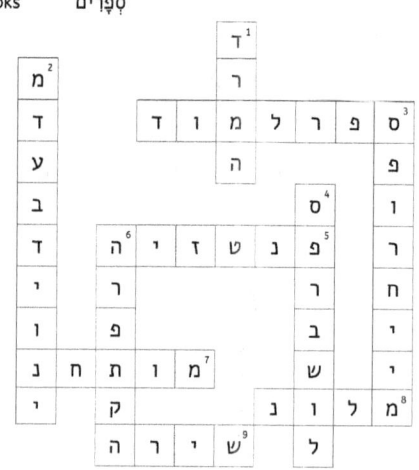

12 Buildings   בִּנְיָנִים

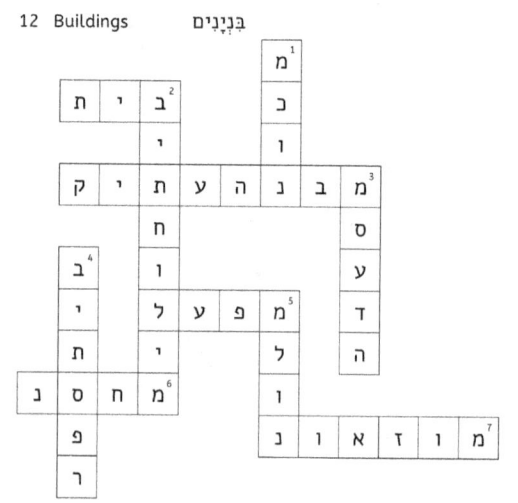

13 Superheroes גִּבּוֹרֵי-עָל

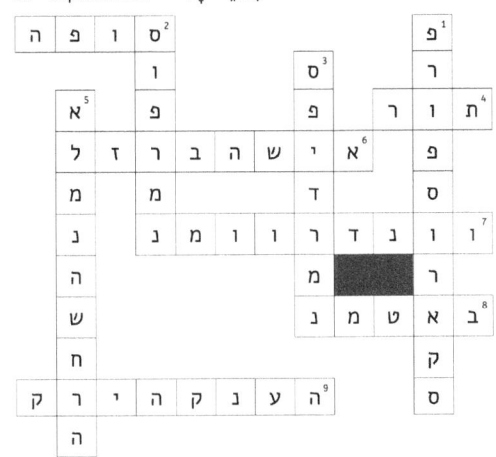

14 Emotions רְגָשׁוֹת

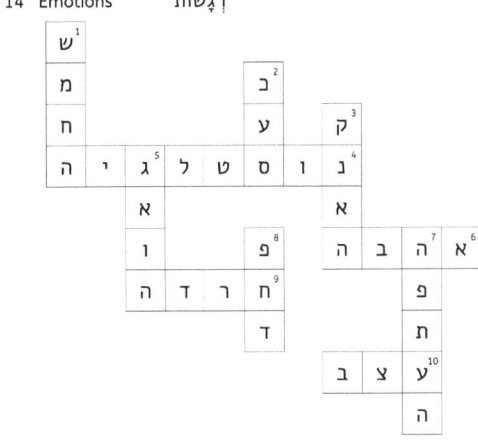

15 Clothing בְּגוּד

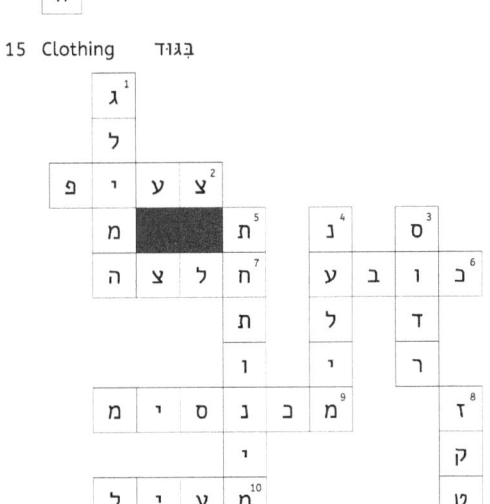

16 Furniture רָהִיטִים

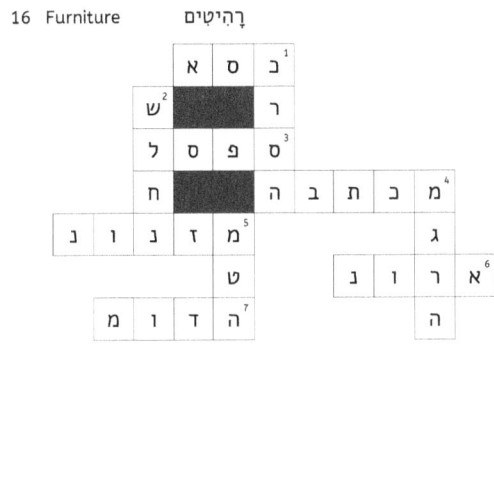

17 Mammals יוֹנְקִים

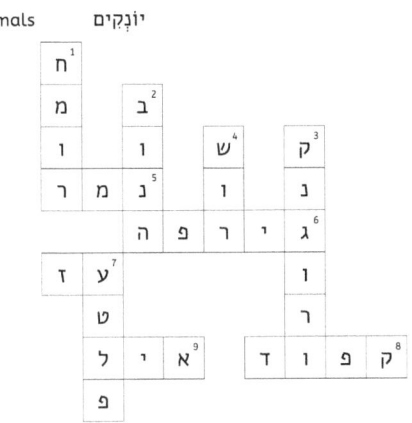

18 Monsters מִפְלָצוֹת

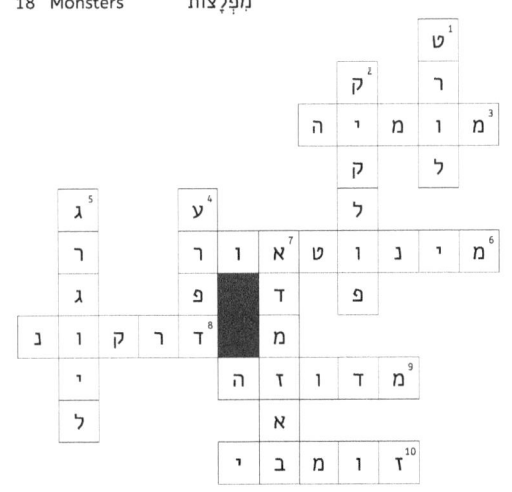

19 First Names   שֵׁמוֹת פְּרָטִיִּים

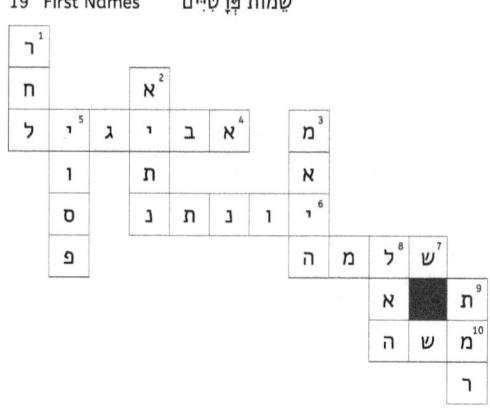

20 Parts of Speech   חֶלְקֵי דִּבּוּר

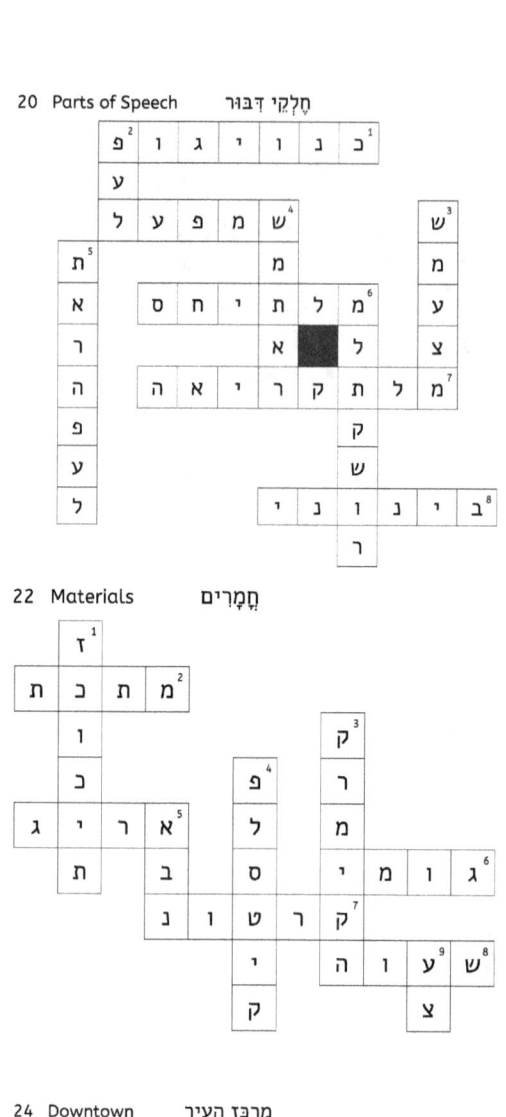

21 In School   בְּבֵית הַסֵּפֶר

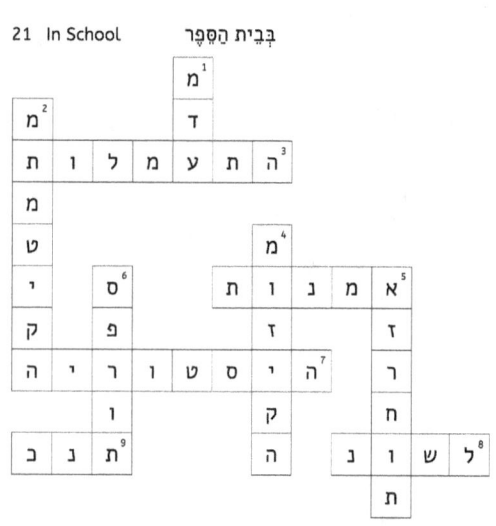

22 Materials   חֳמָרִים

23 Hobbies   תַּחְבִּיבִים

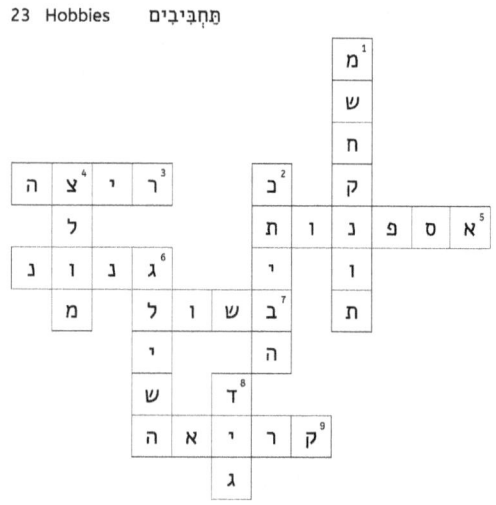

24 Downtown   מֶרְכַּז הָעִיר

25 Around the World מְסָבִיב לָעוֹלָם

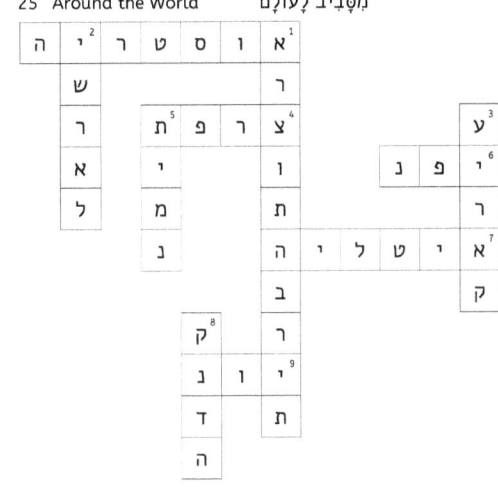

26 Habitats בָּתֵּי־גִדּוּל

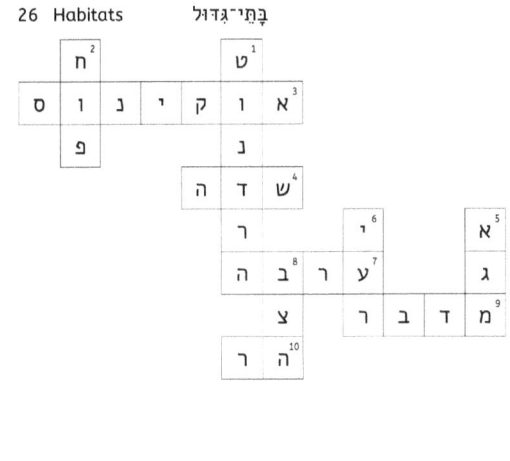

27 Dessert Menu תַּפְרִיט קִנּוּחִים

28 To Tav עַד תָּי"ו

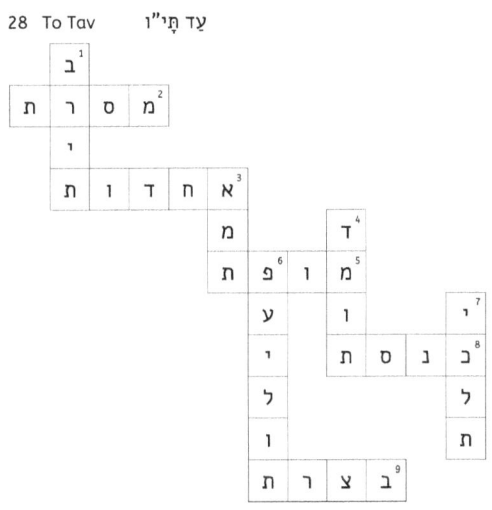

Vocabulary Reference List

1 From alef מֵאָלֶ"ף

With niqqud	Without niqqud	Translation	Transliteration
אֵשׁ	אש	Fire	esh
אֲוִירוֹן	אווירון	Airplane	aviron
אָדָם	אדם	Person	adam
אֹכֶל	אוכל	Food	ochel
אוֹסֵף	אוסף	Collection	osef
אֶבֶן	אבן	Stone	ev-en
אֲדָמָה	אדמה	Earth; ground	adama
אֵיזֶה	איזה	What; which	eize
אוֹר	אור	Light	or
אֵזוֹר	אזור	Area; region	e-zor

2 Israeli breakfast אֲרוּחַת בֹּקֶר יִשְׂרְאֵלִית

With niqqud	Without niqqud	Translation	Transliteration
גְּבִינָה	גבינה	Cheese	gvina
בֵּיצָה	ביצה	Egg	beytza
שַׁקְשׁוּקָה	שקשוקה	Shakshuka	shakshuka
קָפֶה	קפה	Coffee	kafe
לֶחֶם	לחם	Bread	lechem
סָלָט יְרָקוֹת	סלט ירקות	Vegetable salad	salat yerakot
מִיץ	מיץ	Juice	mitz
מוּזְלִי	מוזלי	Muesli	muzli
זֵיתִים	זיתים	Olives	zeitim
לַבַּנֶה	לבנה	Labaneh cheese	labaneh

3 Sea view נוֹף לַיָּם

With niqqud	Without niqqud	Translation	Transliteration
חוֹל	חול	Sand	chol
מַגֶּבֶת	מגבת	Towel	magevet
כּוֹבַע שֶׁמֶשׁ	כובע שמש	Sun hat	kova shemesh
קְרֵם הֲגָנָה	קרם הגנה	Sunblock	krem haganah
מִשְׁקְפֵי שֶׁמֶשׁ	משקפי שמש	Sunglasses	mishkafey shemesh
כַּפְכַּפִּים	כפכפים	Flip flops	kafkafim
מַחְצֶלֶת	מחצלת	Mat	machtzelet
קַרְטִיב	קרטיב	Ice pop	kartiv
אֲבַטִּיחַ	אבטיח	Watermelon	avatiach
מַטְקוֹת	מטקות	Beach paddleball	matkot

4 Sports סְפּוֹרְט

With niqqud	Without niqqud	Translation	Transliteration
כַּדּוּרֶגֶל	כדורגל	Soccer	kadur-regel
כַּדּוּרְסַל	כדורסל	Basketball	kadur-sal
גְּלִישַׁת גַּלִּים	גלישת גלים	Surfing	glishat galim
כַּדּוּר עָף	כדור עף	Volleyball	kadur af
טֶנִיס	טניס	Tennis	tenis
קַשָּׁתוּת	קשתות	Archery	kshatot
טִפּוּס הָרִים	טיפוס הרים	Mountain climbing	tipus harim
רְכִיבָה עַל סוּסִים	רכיבה על סוסים	Horseback riding	rechiva al susim
סִיּוּף	סיוף	Fencing	siyuf
שַׁיִט	שיט	Sailing	sha-yit

5 Pronouns   כִּנּוּיִים

With niqqud	Without niqqud	Translation	Transliteration
אֲנִי	אני	I; me	ani
אַתְּ	את	You (f)	at
אַתָּה	אתה	You (m)	ata
זֶה	זה	It (m)	ze
זֹאת	זאת	It (f)	zot
הוּא	הוא	He	hu
הִיא	היא	She	hee
אֲנַחְנוּ	אנחנו	We	anachnu
הֵם	הם	They (m)	hem
הֵן	הן	They (f)	hen

6 Conjunctions   מִילוֹת קִשּׁוּר

With niqqud	Without niqqud	Translation	Transliteration
אֲבָל	אבל	But	aval
אוֹ	או	Or	o
כִּי	כי	Because; that	ki
אֶלָּא	אלא	But rather	ela
אִם	אם	If	eem
עַד	עד	Until	ad
לַמְרוֹת	למרות	Although	lamrot
כְּדֵי	כדי	In order to; so that	kedei
כַּאֲשֶׁר	כאשר	When; if	ka-asher
מֵאָז	מאז	Since	me-az

7 Verbs   פְּעָלִים

With niqqud	Without niqqud	Translation	Transliteration
לִהְיוֹת	להיות	To be	lihiyot
לַעֲשׂוֹת	לעשות	To do; to make	la-asot
לָלֶכֶת	ללכת	To go; to walk	lalechet
לוֹמַר	לומר	To say	lomar
לִרְאוֹת	לראות	To see	lirot
לָבוֹא	לבוא	To come	lavoh
לָדַעַת	לדעת	To know	lada-at
לָקַחַת	לקחת	To take	lakachat
לַחְשׁוֹב	לחשוב	To think	lachshov
לִמְצוֹא	למצוא	To find	limtzoh

8 Four seasons   אַרְבַּע עוֹנוֹת

With niqqud	Without niqqud	Translation	Transliteration
חֹרֶף	חורף	Winter	choref
אָבִיב	אביב	Spring	aviv
קַיִץ	קיץ	Summer	kaitz
סְתָו	סתיו	Fall	stav
קַר	קר	Cold	kar
חַם	חם	Hot	cham
גֶּשֶׁם	גשם	Rain	geshem
רַעַם	רעם	Thunder	ra-am
שֶׁמֶשׁ	שמש	Sun	shemesh
לַחוּת	לחות	Humidity	lachut

9 Birds צִפּוֹרִים

With niqqud	Without niqqud	Translation	Transliteration
דְּרוֹר	דרור	Sparrow	dror
יָעֵן	יען	Ostrich	ya-en
יוֹנָה	יונה	Dove; pigeon	yonah
שַׁחַף	שחף	Seagull	shachaf
תֻּכִּי	תוכי	Parrot	tuki
בַּרְוָז	ברווז	Duck	barvaz
פְּלָמִינְגוֹ	פלמינגו	Flamingo	flamingo
דּוּכִיפַת	דוכיפת	Hoopoe	duchifat
טַוָּס	טווס	Peacock	tavas
בַּרְבּוּר	ברבור	Swan	barboor

10 Adjectives שֵׁמוֹת תֹּאַר

With niqqud	Without niqqud	Translation	Transliteration
מָתוֹק	מתוק	Sweet	matok
קָטָן	קטן	Little	katan
חָדָשׁ	חדש	New	chadash
רַע	רע	Bad	ra
לְאַט	לאט	Slow	le-at
יָשָׁן	ישן	Old	yashan
מַהֵר	מהר	Fast	maher
טוֹב	טוב	Good	tov
גָּדוֹל	גדול	Big	gadol
חָמוּץ	חמוץ	Sour	chamutz

11 Books סְפָרִים

With niqqud	Without niqqud	Translation	Transliteration
שִׁירָה	שירה	Poetry	shira
דְּרָמָה	דרמה	Drama	drama
מוֹתְחָן	מותחן	Thriller	motchan
פַנְטַזְיָה	פנטזיה	Fantasy	fantazia
סֵפֶר בִּשּׁוּל	ספר בישול	Cookbook	sefer bishul
מַדָּע בִּדְיוֹנִי	מדע בדיוני	Science fiction	mada bidyoni
סִפּוּר חַיִּים	סיפור חיים	Biography	sipur chaim
הַרְפַּתְקָה	הרפתקה	Adventure	harpatka
סֵפֶר לִמּוּד	ספר לימוד	Textbook	sefer limud
מִלּוֹן	מילון	Dictionary	milon

12 Buildings בִּנְיָנִים

With niqqud	Without niqqud	Translation	Transliteration
בַּיִת	בית	House	bayit
מִפְעָל	מפעל	Factory	mifal
בֵּית חוֹלִים	בית חולים	Hospital	beit cholim
בֵּית סֵפֶר	בית ספר	School	beit sefer
מוּזֵאוֹן	מוזאון	Museum	museon
מָלוֹן	מלון	Hotel	malon
מִסְעָדָה	מסעדה	Restaurant	misada
מָכוֹן	מכון	Institute	machon
מַחְסָן	מחסן	Warehouse	machsan
מִבְנֶה עַתִּיק	מבנה עתיק	Ancient structure	mivneh atik

13 Superheroes גִּבּוֹרֵי-עָל

With niqqud	Without niqqud	Translation	Transliteration
סוּפֶּרְמֶן	סופרמן	Superman	superman
בֶּאטְמֶן	באטמן	Batman	batman
סוּפָה	סופה	Storm	sufa
תּוֹר	תור	Thor	tor
אַלְמָנָה שְׁחֹרָה	אלמנה שחורה	Black Widow	almana shchora
אִישׁ הַבַּרְזֶל	איש הברזל	Iron Man	iron man
סְפַּיְדֶרְמֶן	ספיידרמן	Spider-Man	spiderman
וֹונְדֶר וּומֶן	וונדר וומן	Wonder Woman	wonderwoman
הָעֲנָק הַיָּרֹק	הענק הירוק	Hulk	ha-anak hayarok
פְּרוֹפֵסוֹר אֶקְס	פרופסור אקס	Professor X	professor X

14 Emotions רְגָשׁוֹת

With niqqud	Without niqqud	Translation	Transliteration
שִׂמְחָה	שמחה	Happiness	simcha
עֶצֶב	עצב	Sadness	etzev
פַּחַד	פחד	Fear	pachad
כַּעַס	כעס	Anger	cha-as
אַהֲבָה	אהבה	Love	ahava
קִנְאָה	קנאה	Jealousy	kinah
נוֹסְטַלְגִּיָּה	נוסטלגייה	Nostalgia	nostalgia
גַּאֲוָה	גאווה	Pride	ga-ava
חֲרָדָה	חרדה	Anxiety	charada
הַפְתָּעָה	הפתעה	Surprise	hafta-a

15 Clothing בִּגּוּד

With niqqud	Without niqqud	Translation	Transliteration
סְוֶדֶר	סוודר	Sweater	svedder
חֻלְצָה	חולצה	Shirt	chultza
מִכְנָסַיִם	מכנסיים	Pants	michnasayim
נַעֲלַיִם	נעליים	Shoes	na-alayim
גְּלִימָה	גלימה	Cloak	glima
תַּחְתּוֹנִים	תחתונים	Underwear	tachtonim
זָ'קֵט	ז'קט	Jacket	ja-ket
כּוֹבַע	כובע	Hat	kova
צָעִיף	צעיף	Scarf	tza-if
מְעִיל	מעיל	Coat	me-il

16 Furniture רָהִיטִים

With niqqud	Without niqqud	Translation	Transliteration
מִטָּה	מיטה	Bed	mita
שֻׁלְחָן	שולחן	Table	shulchan
כִּסֵּא	כיסא	Chair	ki-seh
מְגֵרָה	מגירה	Drawer	megira
הֲדוֹם	הדום	Ottoman	hadom
אָרוֹן	ארון	Closet	aron
מִזְנוֹן	מזנון	Sideboard	miznon
מִכְתָּבָה	מכתבה	Writing desk	michtava
כֻּרְסָה	כורסה	Armchair	kursa
סַפְסָל	ספסל	Bench	safsal

17 Mammals יוֹנְקִים

With niqqud	Without niqqud	Translation	Transliteration
נָמֵר	נמר	Leopard	namer
שׁוֹר	שור	Bull	shor
עֵז	עז	Goat	ez
אַיָּל	אייל	Deer	ayal
חֲמוֹר	חמור	Donkey	chamor
ג'ירָפָה	ג'ירפה	Giraffe	jiraffa
קֶנְגּוּרוּ	קנגורו	Kangaroo	kengooroo
בּוֹנֶה	בונה	Beaver	bon-eh
עֲטַלֵּף	עטלף	Bat	atalef
קִפּוֹד	קיפוד	Hedgehog	kipod

18 Monsters מִפְלָצוֹת

With niqqud	Without niqqud	Translation	Transliteration
דְּרָקוֹן	דרקון	Dragon	drakon
מִינוֹטָאוּר	מינוטאור	Minotaur	minotaur
מֶדוּזָה	מדוזה	Medusa	meduza
קִיקְלוֹפּ	קיקלופ	Cyclops	kyklop
גַּרְגּוֹיְל	גרגויל	Gargoyle	gargoyle
זוֹמְבִּי	זומבי	Zombie	zombie
אָדָם זְאֵב	אדם זאב	Werewolf	adam zeev
עַרְפָּד	ערפד	Vampire	arpad
מוּמְיָה	מומיה	Mummy	moomya
טְרוֹל	טרול	Troll	trol

19 First names שֵׁמוֹת פְּרָטִיִּים

With niqqud	Without niqqud	Translation	Transliteration
שְׁלֹמֹה	שלמה	Shlomo	Shlomo
אֲבִיגַיִל	אביגיל	Abigail	Avigail
מֹשֶׁה	משה	Moses	Moshe
תָּמָר	תמר	Tamar	Tamar
יוֹנָתָן	יונתן	Jonathan	Yonatan
לֵאָה	לאה	Leah	Leah
יוֹסֵף	יוסף	Joseph	Yosef
רָחֵל	רחל	Rachel	Ra-chel
מַאיָה	מאיה	Maya	Maya
אֵיתָן	איתן	Ethan	Eitan

20 Parts of speech חֶלְקֵי דִּבּוּר

With niqqud	Without niqqud	Translation	Transliteration
שֵׁם עֶצֶם	שם עצם	Noun	shem etzem
בֵּינוֹנִי	בינוני	Participle	benoni
פֹּעַל	פועל	Verb	po-al
שֵׁם תֹּאַר	שם תואר	Adjective	shem to-ar
תֹּאַר הַפֹּעַל	תואר הפועל	Adverb	to-ar hapo-al
מִלַּת יַחַס	מילת יחס	Preposition	milat yachas
מִלַּת קִשּׁוּר	מילת קישור	Conjunction	milat kishur
מִלַּת קְרִיאָה	מילת קריאה	Interjection	milat kri-ah
שֵׁם פֹּעַל	שם פועל	Infinitive	shem po-al
כִּנּוּי גּוּף	כינוי גוף	Pronoun	kinui guf

21 In school בְּבֵית הַסֵּפֶר

With niqqud	Without niqqud	Translation	Transliteration
מָתֵמָטִיקָה	מתמטיקה	Mathematics	matematika
הִיסְטוֹרְיָה	היסטוריה	History	historia
הִתְעַמְּלוּת	התעמלות	Physical education	hitamlut
סִפְרוּת	ספרות	Literature	sifrut
אֶזְרָחוּת	אזרחות	Civics	ezrachut
תָּנָ"ךְ	תנ"ך	Religious studies	Tanach
אָמָּנוּת	אומנות	Art	omanut
מוּזִיקָה	מוזיקה	Music	muzika
לָשׁוֹן	לשון	Language arts	lashon
מַדָּע	מדע	Science	mada

22 Materials חֳמָרִים

With niqqud	Without niqqud	Translation	Transliteration
עֵץ	עץ	Wood	etz
מַתֶּכֶת	מתכת	Metal	matechet
גּוּמִי	גומי	Rubber	goomi
פְּלַסְטִיק	פלסטיק	Plastic	plastik
אֶבֶן	אבן	Stone	ev-en
זְכוּכִית	זכוכית	Glass	zchuchit
קַרְטוֹן	קרטון	Cardboard	kar-ton
אָרִיג	אריג	Fabric	arig
קֵרָמִיקָה	קרמיקה	Ceramic	keramica
שַׁעֲוָה	שעווה	Wax	sha-ava

23 Hobbies תַּחְבִּיבִים

With niqqud	Without niqqud	Translation	Transliteration
גִּנּוּן	גינון	Gardening	ginun
צִלּוּם	צילום	Photography	tzilum
קְרִיאָה	קריאה	Reading	kri-ah
אַסְפָּנוּת	אספנות	Collecting	asfanut
בִּשּׁוּל	בישול	Cooking	bishul
מִשְׂחֲקָנוּת	משחקנות	Gaming	mischakanut
דַּיִג	דיג	Fishing	dayig
כְּתִיבָה	כתיבה	Writing	ktiva
גְּלִישָׁה	גלישה	Skiing	glisha
רִיצָה	ריצה	Running	ritza

24 Downtown מֶרְכַּז הָעִיר

With niqqud	Without niqqud	Translation	Transliteration
חֲנוּת סְפָרִים	חנות ספרים	Bookstore	chanut sfarim
קַצָּבִיָּה	קצביה	Butcher shop	katzaviah
מַאֲפִיָּה	מאפייה	Bakery	ma-afiah
מַעֲדַנִּיָּה	מעדנייה	Delicatessen	ma-adaniah
בּוּטִיק	בוטיק	Boutique	butik
מַרְכּוֹל	מרכול	Supermarket	markol
חֲנוּת עַתִּיקוֹת	חנות עתיקות	Antique shop	chanut atikot
מַכֹּלֶת	מכולת	Convenience store	makolet
חֲנוּת פְּרָחִים	חנות פרחים	Flower shop	chanut prachim
בֵּית מִרְקַחַת	בית מרקחת	Pharmacy	beit mirkachat

25 Around the world מִסָּבִיב לָעוֹלָם

With niqqud	Without niqqud	Translation	Transliteration
יִשְׂרָאֵל	ישראל	Israel	yisrael
אַרְצוֹת הַבְּרִית	ארצות הברית	United States	artzot habrit
קָנָדָה	קנדה	Canada	kanada
עִירַאק	עיראק	Iraq	irak
אוֹסְטְרִיָּה	אוסטריה	Austria	ostria
תֵּימָן	תימן	Yemen	teiman
אִיטַלְיָה	איטליה	Italy	italia
צָרְפַת	צרפת	France	tzarfat
יָוָן	יוון	Greece	yavan
יַפָּן	יפן	Japan	yapan

26 Habitats בָּתֵּי־גִדּוּל

With niqqud	Without niqqud	Translation	Transliteration
יַעַר	יער	Forest	ya-ar
מִדְבָּר	מדבר	Desert	midbar
טוּנְדְּרָה	טונדרה	Tundra	tu-ndra
חוֹף	חוף	Coast	chof
בִּצָּה	ביצה	Swamp	bitza
הַר	הר	Mountain	har
אוֹקְיָנוּס	אוקיינוס	Ocean	ok-yanus
עֲרָבָה	ערבה	Prairie	arava
שָׂדֶה	שדה	Field	sadeh
אֲגַם	אגם	Lake	agam

27 Dessert menu   תַּפְרִיט קִנּוּחִים

With niqqud	Without niqqud	Translation	Transliteration
עוּגָה	עוגה	Cake	ooga
שׁוֹקוֹלָד	שוקולד	Chocolate	shokolad
סֻפְגָּנִיָּה	סופגנייה	Doughnut	sufganiyah
סָלָט פֵּרוֹת	סלט פירות	Fruit salad	salat perot
פַּשְׁטִידָה	פשטידה	Pie	pashtida
חֲבִיצָה	חביצה	Pudding; custard	chavitza
חַלְוָה	חלווה	Halva	chalva
גְּלִידָה	גלידה	Ice cream	glida
לִפְתָּן	לפתן	Compote	liftan
עוּגִיָּה	עוגייה	Cookie	ugiah

28 To tav   עַד תָּי״ו

With niqqud	Without niqqud	Translation	Transliteration
אֱמֶת	אמת	Truth	emet
בְּרִית	ברית	Covenant	brit
פְּעִילוּת	פעילות	Activity	pe-ilut
מָסֹרֶת	מסורת	Tradition	masoret
יְכֹלֶת	יכולת	Ability	yecholet
בַּצֹּרֶת	בצורת	Drought	batsoret
דְּמוּת	דמות	Character	dmut
מוֹפֵת	מופת	Great example	mofet
כְּנֶסֶת	כנסת	Assembly	knesset
אַחְדוּת	אחדות	Unity	achdut

Also by Cactus Pear Books

Find more at cactuspearbooks.com

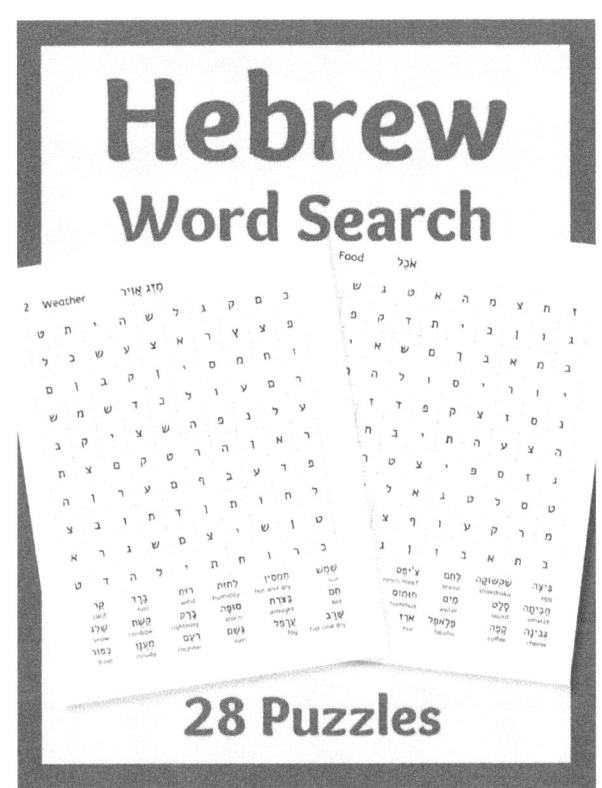

www.ingramcontent.com/pod-product-compliance
Lightning Source LLC
Chambersburg PA
CBHW081503070526
44586CB00019B/2462
9781951462147